HAGAMOS MARCA EN MÉXICO

En este texto se mencionan varias marcas
de productos y servicios que están legalmente
protegidos, y no deben usarse excepto con
la autorización de sus propietarios.
Su inclusión en este libro tiene un propósito
académico y de análisis.

Diseño de portada: Sol consultores
www.solconsultores.com.mx.
Líderes en identidad de marca y
diseño estratégico

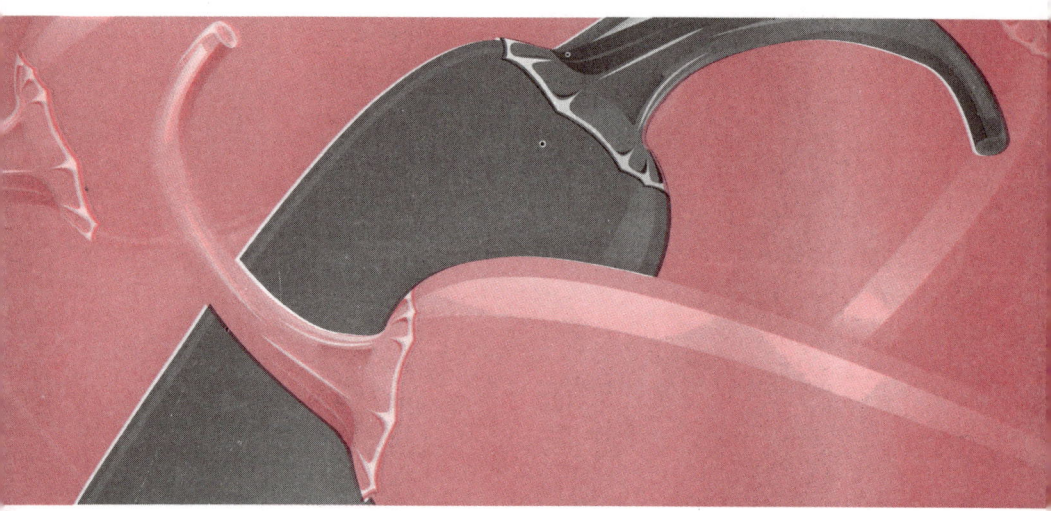

HAGAMOS MARCA EN MÉXICO

Cómo construir una marca valiosa

Germán Rosales Wybo

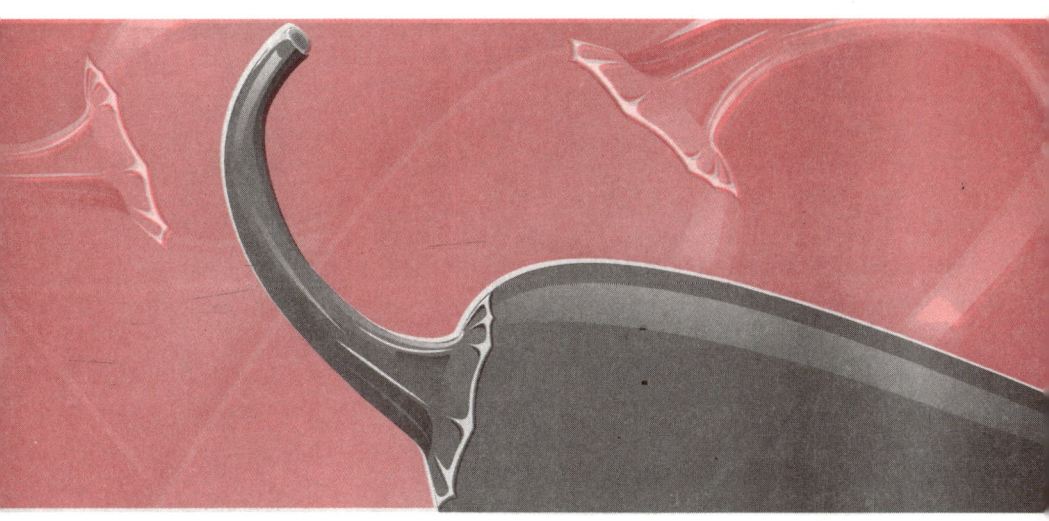

Editorial Trillas

México, Argentina, España,
Colombia, Puerto Rico, Venezuela

Catalogación en la fuente

> Rosales Wybo, Germán
>   Hagamos marca en México : cómo construir una marca valiosa. -- 2a ed. -- México : Trillas, 2012 (reimp. 2017).
>   197 p. : il. ; 23 cm.
>   Bibliografía: p. 191
>   Incluye índices
>   ISBN 978-607-17-1217-2
>
>   1. Marcas registradas - México. I. t.
>
> D- 929.9'R656h   LC- HD59.2'R6.4   5681

La presentación y disposición en conjunto de *HAGAMOS MARCA EN MÉXICO. Cómo construir una marca valiosa* son propiedad del editor. Ninguna parte de esta obra puede ser reproducida o trasmitida, mediante ningún sistema o método, electrónico o mecánico (incluyendo el fotocopiado, la grabación o cualquier sistema de recuperación y almacenamiento de información), sin consentimiento por escrito del editor

Derechos reservados
© 2012, Editorial Trillas, S. A. de C. V.

División Administrativa,
Av. Río Churubusco 385,
Col. Gral. Pedro María Anaya,
C. P. 03340, México, Ciudad de México
Tel. 56884233, FAX 56041364
churubusco@trillas.mx

División Logística,
Calzada de la Viga 1132,
C. P. 09439, México, Ciudad de México
Tel. 56330995, FAX 56330870
laviga@trillas.mx

Tienda en línea
www.etrillas.mx

Miembro de la Cámara Nacional de la Industria Editorial Reg. núm. 158

Primera edición SX
ISBN 968-7398-32-9
Segunda edición TR
ISBN 978-607-17-1217-2
(Primera publicada por Editorial Trillas, S. A. de C. V.)

Reimpresión, mayo 2017

Impreso en México
Printed in Mexico

Índice de contenido

Introducción 7

Cap. 1. Las marcas son baterías recargables 11
Una definición dinámica y plural en el uso de las marcas, 11. ¿Para qué una marca?, 11. Una marca es una batería recargable de largo uso, 13. Definición y diferenciación entre nombre comercial y marca, 15. ¿Por qué confiamos en las marcas?, 17. Un mundo sin marcas sería confuso, 19. Marcas desde periódicos hasta religiones, 20. Intensidad de la marca, 22. Grandes o pequeñas, valiosas todas, 23. Las marcas, oportunidad para México, 26.

Cap. 2. ¿Branding qué...? 29
La descripción del proceso para hacer una marca, 29. Branding intuitivo y profesional, 30. Ubiquemos el branding profesional en México, 31. Las agencias de branding, 32.

Cap. 3. Tipos de marcas 35
Las características principales que definen a las marcas, 35. Por su amplitud, 35. Acerca de la arquitectura de marcas, 62.

Cap. 4. Mente, corazón y alma son la casa de las marcas 63
De cómo habitan las marcas en la mente de los mexicanos, 63. ¿Realmente sirven los estudios de mercado?, 64. Percepción de marcas cargadas de valores, 67. Emociones y razones en la Pirámide del Sol, 68. La percepción de los mexicanos, 71.

Cap. 5. ¿De qué se compone una marca? 75
Conocer la marca para posicionarla y construirla con éxito, 75. Componentes de una marca, 75.

Cap. 6. Posicionamiento 91
De cómo consiguen las marcas un lugar en la mente y en los corazones 91. Posicionamiento. El corazón del éxito de las marcas, 91. Tequila refinamiento y posicionamiento, 95. Pasos para un buen posicionamiento, 98. Posicionamiento ¿actual o buscado?, 104. Reposicionar es difícil, pero en ocasiones posible, 104. Y cuando parecía que una

6 Índice de contenido

categoría estaba saturada, 105. Hasta dónde crecer una marca, 106. El posicionamiento, la esencia y el mantra delimitan la marca, 110.

Cap. 7. Dos deportes de los marcólogos: cazar posicionamientos y analizar proposición de valor   113
La importancia de crear nuevas categorías y tener en mente la ecuación de valor, 113. El cazador de posicionamientos, 113. No olvidemos la ecuación de valor, 116. El deporte de las marcas: crecer el valor percibido, 117. No todo es crecer con una marca nueva, 118.

Cap. 8. Elementos clave para construir la marca   121
Los factores principales que permiten construir y sostener con éxito una marca, 121. Factor 1. Gente, 121. Factor 2. Conocimiento del mercado, 130. Factor 3. Parámetros a la alza, 130. Factor 4. La estrategia principal, 133. Factor 5. Primero categoría, luego producto y al final marca, 135. Factor 6. Los números, 138.

Cap. 9. El reto dentro de un mundo de mensajes   141
Cómo ocurren los contactos de la marca con el consumidor, 141. Voz alta, oídos lejanos, 143. Dónde está mi marca y cuánto puedo invertir, 143. Contactos dominantes y secundarios, 145.

Cap. 10. Un plan para triunfar   149
Estructure la información y elabore una guía que dé certidumbre para construir su marca, 149. Primero el plan, 149. Haga un evento de la presentación del plan, 155.

Cap. 11. Cómo se comunica la marca   157
Cómo dar a conocer y mantener viva una marca en la mente del consumidor, 157. Identidad gráfica, la estética de la marca, 158. El buen gusto y el tino, sin términos medios, 160. Publicidad para vender y construir una marca, 161. ¿Se ha acabado la época de los medios masivos en México?, 163. Cómo escoger y trabajar con una agencia de publicidad, 164. Anuncios de TV efectivos, 166. Publicidad exterior clara y llamativa, 167. Radio, la compañera solitaria, 168. Internet, 169. Revistas, periódicos e impresos, 173. Invierta en su empaque, es su medio de comunicación con mayor valor, 174. Promociones que venden y construyen marca, 176. Muestreo, pruebas y degustaciones, 178. La poderosísima publicidad de boca en boca, 179. La publicidad gratuita (*publicity*), 181.

Cap. 12. El paso final para implementar una cultura de branding   185
Cómo asegurarnos de que prevalezca la orientación hacia la marca, 185. Los comandos de marca, 185. Use los incidentes de marca a su favor, 187. Mantenga la sed por las innovaciones, 188. Premie la mística y el sentido de pertenencia hacia la marca, 189. Viva cada día de su marca, 190.

Bibliografía   191
Índice onomástico   193
Índice analítico   195

Introducción

En Hagamos marca en México he intentado amalgamar muchos años de experiencia en la ejecución de la mercadotecnia y el *branding* en el país, mi propia teoría y lo más relevante y aplicable de los conceptos de otros autores de diferentes latitudes.

El eje de este libro está en considerar la marca como una batería, a la cual se carga y descarga energía. Dicho enfoque lo he atestiguado en la práctica una y otra vez.

Existen grandes talentos del branding que provienen de culturas de negocios más maduras y competitivas que la nuestra; muchas de sus ideas, por supuesto, aplican y se pueden aprovechar en nuestro país y Latinoamérica. Otras simplemente no están aterrizadas en nuestra realidad. El propósito de escribir Hagamos marca en México es que usted pueda encontrar un libro redondo de branding basado en una teoría sólida y que pueda ser aplicado en México o Latinoamérica, que incluya ejemplos y casos propios de nuestra arena competitiva.

Uno de los puntos de diferenciación de Hagamos marca en México con otros libros de branding es que yo no trabajo en ninguna agencia de publicidad, ni me he dedicado de modo profesional a la consultoría de mercadotecnia. La visión que le comparto, amigo lector, es la de un constructor de marcas emprendedor, cuya pasión está más allá del lado esnob de la mercadotecnia. La de alguien que disfruta imaginar estrategias creativas, pero también llevarlas al campo de batalla.

A mí me tocó nacer dentro de la órbita del apasionante mundo de las marcas y su construcción. Así que el branding siempre ha formado parte de mi vida de manera natural. Se me dio por absorción e instrucción.

La pasión por las marcas es un estilo de vida, desde donde uno se atreve a ponerle un nombre a lo que promete al consumidor, y cuya recompensa se manifiesta en su preferencia. Detrás de lo cual están el esfuerzo y el talento de todo un equipo. La marca es una fotografía representativa de lo que se hace bien o mal en una empresa u organización. Conozco las dos historias: la de las marcas creadas orgánicamente, con el sudor de la frente; y la de los grandes presupuestos publicitarios y metodologías probadas para construirlas.

A lo largo de mi vida profesional he estado convencido de que en México podemos desarrollar organizaciones que compitan con las del exterior. Esto será posible si identificamos en qué giros pueden posicionarse nuestras marcas de una manera más natural, si atinamos en la estrategia, subimos parámetros y nos rodeamos de gente talentosa y comprometida. Existe un gran dique histórico entre la mayoría de las empresas de los países desarrollados y las de nuestros países en tardadas vías de desarrollo. La globalización no se inventó en la Universidad Nacional Autónoma de México (UNAM), ni en el Tec de Monterrey, ni en la Universidad de Guadalajara; fue creada desde la conveniencia del hemisferio norte.

Las marcas principales pertenecen a los países ricos y son un espejo de su evolución. Las empresas mexicanas, casi todas y no obstante su tamaño, tienen un líder familiar y no han trascendido a un modelo realmente público y eficiente. La mayoría de las empresas transnacionales han sabido adoptar sistemas de *management*, en los cuales dirige quien mejor sabe hacerlo, no quien las heredó. Las marcas son tan institucionales y dinámicas como las organizaciones de donde provienen. Aun así y por increíble que parezca, el branding en dichas naciones desarrolladas es todavía un terreno amplísimo con muchos espacios sin conocer. La oportunidad para las empresas y personas de nuestro país está en tomar ventaja del valor agregado que generan las marcas.

El objetivo principal es que este libro sea una referencia útil para el emprendedor de una pequeña empresa que requiera tener los principios básicos para construir una marca en cualquier giro. También va dirigido a los gerentes de marca y a todo el personal, incluyendo directores y gerentes de empresas pequeñas, medianas y grandes, con una marca que requiera ser construida o revitalizada con profesionalismo. El *marcólogo* (término que propongo en este libro) experto encontrará algunos conceptos novedosos. Hagamos marca en México bien puede ser un texto para los estudiantes de la carrera de mercadotecnia.

Si este libro hubiese sido escrito solamente para las grandes empresas, estaría desubicado de la realidad de nuestro país como a veces ocurre en los seminarios impartidos por algunos gurúes del *marketing*. Es placentero ver cómo una Pyme logra, con el talento de sus creadores, convertir un esfuerzo de trabajo en una marca reconocida, a la cual el consumidor refiere valores tangibles e intangibles. A fin de cuentas, mercadotecnia y branding son parte de la naturaleza humana. Los principios en que se gestan, crecen, maduran y triunfan las marcas son semejantes en todas las empresas sin importar su tamaño. En lo que difieren, más que nada, es en su presupuesto de inversión publicitaria.

Espero que esta lectura abra su apetito por el conocimiento en el manejo de las marcas cualquiera que sea su giro, desde una marca-persona, hasta una gran marca global.

En el desarrollo de los capítulos he tratado de incluir ejemplos aplicables a nuestro país y que, por ende, son muy parecidos a otros que ocurren en Latinoamérica. He tenido la fortuna de seguir siendo parte de la órbita de marcas con un alto sentido de pertenencia. Ese universo es al que pretendo alentarlo para que pertenezca. No al mundo frío de los mercenarios de marcas que son manejadas exclusivamente como un estado de resultados, sino al que cuida un ciclo de vida más largo; aquel que logra un balance entre los resultados y la necesidad de invertir en su desarrollo y revitalización.

No escatimo en propuestas para un manejo profesional de las marcas; porque el orden, la disciplina y el conocimiento teórico son condiciones que podemos aprovechar más los latinoamericanos. Tampoco dejo a un lado el aspecto creativo y de la imaginación, sin los cuales las grandes ideas que construyen las marcas no serían posibles. Ya hablaremos de cómo se requieren ambos hemisferios cerebrales para hacer triunfar una marca en el mercado.

El libro comienza definiendo qué es una marca y haciendo una referencia más plural en su uso. Además de las típicas marcas de consumo, la mayoría de los profesionistas y organizaciones desconocen que también se pueden crear marcas para ellos, con grandes beneficios. Luego definimos el concepto branding, del cual se habla mucho en el medio de la mercadotecnia en México y el mundo, pero poco se conoce, y donde todos pueden y deben participar dentro de una empresa. Seguimos al proponer algunos tipos de marcas que en su clasificación misma reflejan mucho de la estrategia. También veremos los componentes de una marca y cómo se posicionan en las mentes según la idiosincrasia de los mexicanos. Propongo algunas prácticas y factores clave para construir marcas. Sintetizo cómo armar un plan de mercadotecnia y branding, además de las estrategias para comunicarla con efectividad en un mundo saturado de mensajes. Finalmente planteo cómo dejar implantada una cultura de branding en la organización.

Si logro trasmitirle este conocimiento para que lo aplique en beneficio de su marca, habré conseguido mi objetivo. Si además usted se convence de que los mexicanos tenemos la oportunidad de sobresalir y competir con talento en esta aldea global, aprovechando nuestras cualidades naturales y aprendiendo de otras culturas más desarrolladas entonces habré logrado un doble propósito. ¡Espero que disfrute la lectura de Hagamos marca en México como yo lo hice al escribirlo!

Las marcas son baterías recargables

UNA DEFINICIÓN DINÁMICA Y PLURAL EN EL USO DE LAS MARCAS

En esta primera parte del libro descubriremos qué son, cómo funcionan y para qué sirven las marcas en más campos de los percibidos comúnmente. También nos adentraremos en los tipos de marcas. Conoceremos las definiciones que serán útiles para tener los cimientos que luego nos permitirán posicionar, construir, crecer, o revitalizar una marca.

¿PARA QUÉ UNA MARCA?

Mientras escribía estas páginas, viví de cerca un caso que le sonará familiar: se trata de una empresa mediana, que ha dedicado años y años de esfuerzo en construir un negocio de maquila para marcas estadounidenses de ropa; ahora tiene el riesgo de perder a uno de sus mayores clientes debido a que otra compañía, en China, les está ofreciendo mejores condiciones a nuestros vecinos del norte. ¿Qué le habría pasado a esta empresa si hubiera optado primero por conocer las herramientas que requería para construir su propia marca, y utilizarlas a lo largo de todos estos años? Quizá podría haber comenzado en pequeño, enfocada en su mercado local, para después seguir en busca de nuevos horizontes, siempre con su propia marca. Entonces sería esta empresa la que estaría buscando la maquila en China para vender en otros países; podría enfocarse más al diseño, a la mercadotecnia, a las estrategias de venta, que a la manufactura. A la mayoría de los consumidores no les importa dónde se fabrica su ropa. Claro que usted podrá pensar que es muy difícil y costoso crear y posicionar una marca, pero lo reto a pensar que más bien se desconocen las herramientas y características humanas para hacerlo, y que el construir una marca tiene más campos de los que imagina. La buena noticia es que cuando usted termine este libro, por lo menos tendrá una idea clara de la lógica, las herramientas y características humanas que se requieren y, por lo más, estará motivado para intentarlo y, ¿por qué no?, lograrlo.

El nacimiento de las marcas pudo darse hace muchos siglos, comenzando con nuestros antepasados que ya marcaban su ganado para diferenciarlo del de sus vecinos. En las fábricas ancestrales los artesanos señalaban sus objetos con una firma o algún emblema para distinguir su calidad. Más atrás en el tiempo, en el siglo II d. C., nació lo que quizá sea la marca más antigua en el género alimentario. Según la revista *Biblical Archaelogy Review*, los soldados romanos manufacturaban su pan en unos hornos cilíndricos de ladrillo que hundían en el suelo, y para especificar que se trataba del de mejor calidad usaban un sello con la inscripción PRIM (*primus*). Así, marcar significa dejar una señal en un lugar u objeto para distinguirlo después.

La función de diferenciar sigue siendo la principal razón de las marcas, sólo que ahora en un mundo saturado de oferta de productos y servicios, son más complejas y fascinantes.

Otra buena nueva es que la maquiladora de ropa del ejemplo anterior, así como muchos negocios, asociaciones, profesionistas y prestadores de servicios en nuestro país, pueden aprender a construir una marca, de tal manera que su trabajo no sea en vano a largo plazo. Este ejemplo puede sonar un poco simplista, las marcas no lo son; como descubriremos en el transcurso de este libro.

Las marcas hoy día también producen valor agregado, conectándose con razones y emociones obtienen una relación con las personas, quienes les encuentran valores tangibles e intangibles.

Una marca sirve para vender, obvio, pero esto se encuentra olvidado en muchos libros de branding. Una buena marca genera rotación con base en la confianza que el consumidor tiene en ella. Sirve además para protegerse de la competencia. Cuando se consigue cierto grado de lealtad, en función primero de los valores relevantes y luego por la confianza que éstos han generado, es menos probable que el consumidor migre a otra marca. ¿Cada cuánto prueba usted una nueva marca de desodorante?

Una marca reconocida también sirve a las empresas para sostener un precio mayor al de otras marcas con menos fortaleza o productos poco diferenciados. Es la recompensa pagada por los valores tangibles e intangibles percibidos por el consumidor. Así, usted pagaría un poco más por una lata de leche Carnation que por una de marca libre.

Las marcas además aumentan la posibilidad de permanecer en un canal de distribución. Si el consumidor prefiere y demanda determinado producto, el detallista favorecerá el manejo de su marca.

Mi amigo, Tim McMahon, en su ameno libro *The Little Marketing Green Book*, establece que la principal misión de las empresas no es ganar más dinero, sino cómo retener a sus clientes, y qué mejor manera de hacerlo que ¡con una buena marca!

UNA MARCA ES UNA BATERÍA RECARGABLE DE LARGO USO

Cuando se crea una marca activa, es como si se tuviera una batería recargable y muy durable. Mientras se le sigan abonando razones para que el consumidor la quiera, acumulará energía en su batería.

La maquiladora de ropa citada ha estado gastando y no acumula mucha energía, porque los beneficios de su trabajo a largo plazo no se han asociado con un nombre, propiedad de quien fabrica; se están quedando en la batería de alguien más. Todo ese talento, tiempo, trabajo y esfuerzo, si la marca es suya, se van acumulando en su batería para después producir recompensas. La energía empleada no se volatiliza. Crear una marca y cargarla de energía requiere perseverancia, pero vale la pena, los beneficios perduran.

Las marcas, al igual que las baterías, se pueden descargar y dejan de producir beneficios. Usted debe cuidar su calidad constantemente, ofrecer algo relevante, proporcionar una mejor ecuación de valor (la relación entre calidad y precio) que su competencia, y hacer un buen manejo de la imagen y la comunicación. Así la batería se va cargando y produce más ventas y más beneficios. Si su marca por el contrario demerita en los aspectos antes mencionados, comenzará a descargarse y a perder fuerza.

La cuarta marca de aerolíneas más antigua del mundo, Mexicana, tenía un buen posicionamiento: más espacio y buen servicio en vuelos internacionales, relacionados con una flota nueva. Hasta el momento de escribir estas líneas, la marca se estaba descargando al dejar de volar por problemas económicos. Mientras más pase el tiempo la batería se sigue descargando hasta el punto de perder su franquicia o posicionamiento. ¿Qué fuerza o posicionamiento tendrían para usted las marcas aéreas Pam Am, Banff o Western Airlines?, probablemente ni las conozca, son marcas que dejaron de cargar su batería hace muchos años, se secaron. Las marcas también mueren, aun las importantes. Esperemos que no sea el caso de Mexicana.

Corona es la única marca latinoamericana que aparece entre las 100 globales más importantes del mundo, según la firma Interbrand. La famosa marca de cerveza mexicana lleva décadas cargando su batería, desde los anuncios dirigidos al mercado nacional hasta los excelentes comerciales como los que la sitúan en diferentes partes del mundo: Moscú, San Francisco, Canadá, etc. Sin embargo no es solamente la publicidad la principal constructora de esta marca, hay otros valores tangibles e intangibles más importantes que veremos más adelante en el libro y que permiten que Corona sea una batería cargada de energía.

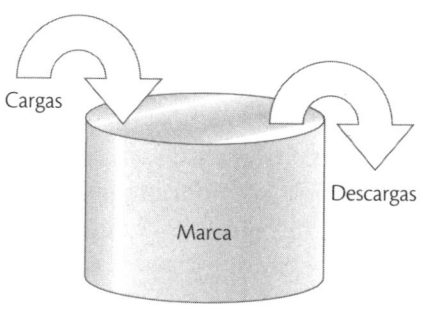

DEFINICIÓN Y DIFERENCIACIÓN ENTRE NOMBRE COMERCIAL Y MARCA

Hablando en forma común, una marca es un símbolo que representa a un producto, línea, servicio o compañía como las que conocemos: Corona, Banamex, Bimbo, Telcel, Lala, Oxxo, etcétera.

Una definición extraída de un diccionario dice: "Marca: signo hecho en una persona, animal o cosa para distinguirla de otras o para denotar calidad o pertenencia." Tim Calkins, maestro del Colegio de Graduados Kellogg de la Universidad de Northwestern en Chicago, define a una marca como: "un juego de asociaciones relacionadas con un nombre o símbolo, relacionado a su vez con un producto o servicio. La diferencia entre una marca y un nombre comercial es que este último no tiene ninguna asociación, sólo es un nombre".

La marca Bimbo no es únicamente el nombre de un pan confiable, se asocia además con el personaje del osito, colores blanco, rojo y azul, calidad, frescura, disponibilidad, conveniencia, apetito, empaques vistosos, camiones blancos y limpios con rines rojos, empleados bien uniformados, "la marca que compraba mi mamá", su publicidad en televisión y otros tantos valores y características. El branding estudia, organiza, desarrolla, y construye esta diversidad de asociaciones.

> *Una marca se convierte en tal, hasta que el consumidor identifica con claridad sus atributos y genera un concepto. Entonces desarrolla la confianza suficiente para consumirla repetitivamente.*

Desde esta definición no tendremos nada más una marca para registrarla ante el IMPI. Por supuesto, desde un punto de vista legal sí lo sería, ya que se habrían adquirido los derechos exclusivos para usar un nombre en México. La marca será tal, hasta que su batería vaya acumulando energía y pueda explotarse con resultados tangibles en el mercado. Dicho de otra forma, será una marca activa hasta que:

- Esté claramente diferenciada.
- Los consumidores meta la identifiquen.
- Un grupo significativo de consumidores perciba en ella valores relevantes (asociaciones).
- Tenga una venta repetitiva.
- En última instancia, que la hagan suya.

> *Un simple nombre comercial no tiene valores activos, tiene su potencial dormido. Para convertirse en marca necesita triunfar en el mercado, requiere un proceso de construcción y de energización.*

De eso se trata el branding; término sin traducción, por cierto, hasta ahora al español.

> *Una marca está cargada de energía cuando conlleva valores relevantes al consumidor, cuando establece una clara diferenciación con su competencia, cuando es atractiva y tiene una identidad propia.*

El cargar una marca con energía es una tarea que les corresponde a todos dentro de una organización. Una marca es una fotografía que simboliza todo lo que se ha hecho bien (o mal) en la empresa, país o persona. Es una síntesis de todos los valores que un grupo de personas ha podido acumularle. No en vano el valor de una marca está antecedido por el talento y cuidado con que ha sido construida. Una marca es también el compromiso de una empresa, representado en un nombre y símbolo. Es la garantía de que el producto o servicio tiene un rostro hacia el consumidor. Cuando una marca se carga, va produciendo más energía que permite que el consumidor la conozca. Es éste quien la convierte en una marca y quien decide cuándo y cómo se da la marca.

¿POR QUÉ CONFIAMOS EN LAS MARCAS?

Permítame explicarle ahora cómo trabaja nuestra mente para identificar una marca. Imagínese que usted y su familia realizan un viaje a un paraje lejano y encuentran la única tienda a 200 km a la redonda. Adentro, entre algunos productos, se encuentra con un exhibidor de Bimbo y con agua embotellada Bonafont. Su memoria de corto plazo reconoce los empaques, colores y logotipos de estas marcas, entonces su memoria de largo plazo se activa y manda el mensaje de confianza. Estas marcas ya las conocía, ya ha tenido una buena experiencia con sus productos. Su mente en ese momento descansa, sabe que por lo menos obtendrá carbohidratos higiénicos y le quitará la sed a su familia sin intoxicarla. Estos son beneficios tangibles. De igual modo le ocurre a una ama de casa cuando ante la oferta de miles de artículos en una tienda de autoservicio, detecta los colores y los gráficos del empaque de su marca favorita, su mente elige las etiquetas que ya conoce, va encontrando seguridad.

Analicemos otro ejemplo: en la empresa que trabaja le encargan abrir una oficina, digamos en Costa Rica, para lo cual tiene que consultar los procedimientos locales que le permitan cumplir con las leyes fiscales de ese país. Busca información y encuentra muchos nombres de despachos sobre los que no tiene la mínima idea de su capacidad. Entonces localiza las firmas KPMG o Deloitte. Su mente descansa porque sabe que estas marcas le dan a usted la seguridad de que sus trámites de incorporación local y cumplimiento de requisitos fiscales se manejarán adecuadamente. Si su presupuesto lo permite, estoy convencido de que preferiría pagar un poco más por usar estos despachos e ir a la segura, pues no querría acabar compartiendo una celda con algún buen amigo tico.

Ahora imagine que desea hacer una obra de caridad y necesita tener la certeza de que su contribución llegará a quien en realidad lo necesita. Su mente de largo plazo tiene archivada la información de que Cáritas es una institución respetable, con un manejo ético y que cumplirá con dar un buen destino a su donación.

Este proceso no sería posible si antes los fabricantes o creadores, intuitivos o profesionales, de las marcas no hubiesen acumulado energía en su batería. Usted va registrando experiencias positivas o negativas mediante la prueba o recomendación de tal o cual producto o marca; así se archiva esta información. Primero en su memoria de corto plazo para luego dejar una asociación en su memoria de largo plazo. Así, al encontrarse de nuevo con estas marcas, ya tiene un archivo que le permite decidir si vuelve a confiar en ellas o no. Como veremos más adelante en el libro, el consumidor también encuentra valores intangibles o emocionales en las marcas.

A la mente no le agrada la complejidad y por lo regular evade el riesgo. La mayoría de los seres humanos, lo que buscamos es seguridad para nosotros y nuestras familias. Cuando identificamos una marca que nos agrada, solemos ser fieles o hasta comprometidos con ella. Desde luego, esto no quiere decir que el consumidor solamente adquiera artículos por marca, pues existen muchos otros factores dentro de la mezcla de la mercadotecnia que influyen en la compra de un bien o servicio. Hoy día los consumidores son más selectivos, exigen más y buscan una buena ecuación de valor. La marca es el elemento más útil porque en él se impregna el buen o mal manejo de otros factores como costo y precio, distribución y conveniencia, promoción y comunicación, y producto y calidad.

La fidelidad hacia las marcas es entonces relativa, pero no por ello poco efectiva. Es de hecho y por mucho, el elemento más afortunado que uno puede tener en su organización.

La mayoría de los hombres y mujeres de negocios, políticos o líderes de asociaciones, preferirían tener una marca bien posicionada, a la cual sus consumidores o seguidores fueran fieles, en lugar de muchos fierros con qué producir, o grandes ideas sin el poder de una identidad propia. Tener una marca bien posicionada que el consumidor busca por sí solo, es un gran logro, se obtiene fidelidad; pero cuando además la hace suya, al grado de recomendarla y defenderla, entonces se alcanza el nivel máximo que tiene que ver con el compromiso. Me atrevo a decir que las marcas exitosas ni siquiera pertenecen a las empresas, sino a los consumidores que se adueñan de ellas y las hacen parte de su misma cultura, convirtiéndolas en iconos en los casos más extremos. Si es en la mente y el corazón de los consumidores donde habitan las marcas, entonces no hay duda: les pertenecen. Cuando se derribó el club Guadalajara, en la calle Colomos de esa ciudad, en uno de sus muros se podía leer: "las Chivas nos pertenecen". El ejemplo habla por sí solo.

UN MUNDO SIN MARCAS SERÍA CONFUSO

Por naturaleza el ser humano busca símbolos que le permitan tener una vida confiable, los usa como puntos de referencia sobre una experiencia previa. Las marcas pueden ayudar a tener un mundo menos confuso, donde la percepción del consumidor pueda hallar claridad, donde encuentre una definición y se ahorre tiempo en una elección.

Se ha escrito que algunas marcas son estandartes nocivos del capitalismo, que son lucrativas y, en ocasiones, conducen a un materialismo excesivo, pues el consumidor paga más por ellas de lo que debería. También se ha comentado que los dueños de las marcas (sobre todo las globales) aprovechan y explotan la mano de obra barata, ya que quienes las elaboran, no participan de los beneficios del valor agregado que produce una marca. Que el trabajador carga la batería de quien maneja el capital y que esto se reproduce a escala mundial. Que los países ricos, dueños del conocimiento y la elegancia, son propietarios de las marcas; mientras que los países pobres se dedican a abonar energía a las baterías de los países ricos. La respuesta tiene matices y es polémica, lo que es un hecho innegable es que las marcas, independientemente de su fin social o material, existen y proveen esas referencias y símbolos que el ser humano requiere.

Imagínese vivir en un país que carece de símbolos que han acumulado energía, y donde la sociedad no puede diferenciar sus características. Incluso en la extinta Unión Soviética se registró el caso donde en una misma marca de televisores, propiedad del Estado, los consumidores buscaban un número de serie porque sabían que ese dato diferenciaba a una fábrica que producía con más calidad que otra.

El zoológico de Chapultepec, en la Ciudad de México, es también una marca. Seguro los capitalinos tendrán recuerdos de su niñez relacionados con este símbolo; existe y vive como un punto de referencia útil, cargado de valores y diferenciado, por ejemplo, del zoológico de San Diego, California. Es más marca por su poder de diferenciación que por su generación de utilidades. Igualmente el Museo de Antropología o el Estadio Azteca, que trató de desprenderse sin éxito de su *naming*, son marcas cargadas de asociaciones.

Mi postura es que las marcas sí tienen un propósito legítimo per se y son útiles para la sociedad, pero también es cierto que le toca a la misma sociedad moderar la cantidad de ruido que se haga con ellas.

MARCAS DESDE PERIÓDICOS HASTA RELIGIONES

Las marcas hoy día se utilizan voluntaria o involuntariamente más allá de un producto o un servicio. Existen en el nombre de un profesionista, de un artista, un político o su partido, una institución educativa, un periódico, un equipo de deportes, un programa de noticias, un movimiento social y hasta en el de algún credo religioso. Se trata en todos los casos de puntos de referencia o símbolos de diferenciación en los cuales el consumidor confía y encuentra valores significativos para creerles y adquirirlas. En ocasiones pueden ser involuntarias, como sucede con frecuencia con marcas-país o marcas-persona.

Además del atún Dolores, los granos de elote Del Monte, el Nescafé, el Yakult, el detergente Ariel y centenares de marcas conocidas en productos de consumo, también son marcas el Hospital Ángeles, la UNAM, el Tec de Monterrey, Cáritas, el Bosque de Chapultepec, Los Tigres del Norte, Maná, Carlos Fuentes, Alondra de la Parra, las Chivas del Guadalajara, las Águilas del América, el periódico *Reforma*, los autoservicios Soriana, el Auditorio Nacional, Casa Tíbet, el museo Marco de Monterrey, los partidos políticos y un mundo más de símbolos que venden productos, servicios o ideas.

Con todo respeto a los lectores creyentes y desde un ángulo de branding, un claro ejemplo de una marca de gran tradición es, sin duda, la venerada Virgen de Guadalupe. Me refiero al concepto que se ha producido, con o sin intención, más allá del tema religioso, e independientemente de las anécdotas sobre quienes han intentado registrarla como marca en otros países. La Virgen de Guadalupe es sin duda la marca nacionalista e icono más arraigado en nuestro país. Trasmitida de generación en generación y con varios giros: el de la venta de reliquias que han "enriquecido" a comerciantes y artesanos; el de un símbolo nacionalista y de identidad popular que se plasmaba en el estandarte del cura Hidalgo; el de una marca de contracultura que adorna el bombo de la batería del Tri, las bolsas del mercado y las camisetas de nuestros paisanos que viven en Estados Unidos; y el de una marca religiosa que ha convertido y conservado fieles para la iglesia católica. Podría escribirse todo un libro sobre la identidad, la imagen, los simbolismos, la esencia y la relación que tienen los mexicanos con esta poderosa marca religiosa y su posicionamiento de Patrona de México. Cada experiencia mágica o milagro, como desee verlo, referido a la Virgen de Guadalupe, acumula energía para la causa futura de ésta.

INTENSIDAD DE LA MARCA

Usted se preguntará: ¿se puede construir una marca para todo? Mi respuesta es que mientras un producto, servicio, persona o idea se pueda diferenciar con un atributo o beneficio relevante para el consumidor, claro que será viable crear una marca. Desde luego, siempre habrá productos más fáciles de marcar que otros.

En un extremo encontramos los productos básicos como el gas, frutas y verduras, sal, tornillos, etc.; en el otro están aquéllos donde la marca desempeña un papel preponderante en la decisión de compra del consumidor, como en un perfume, un automóvil o una línea de ropa.

El término de intensidad de la marca se refiere a qué tanto influye ésta en la decisión de compra del consumidor. Hay categorías, grupos de productos o servicios con una característica común, donde las marcas pesan mucho y otras, donde no. Si usted compra jitomates quizá se fije más en su calidad palpable, aunque tengan una pequeña etiqueta con una marca; si compra playeras de algodón para regalarlas como promocionales, se fijará más en el precio, aunque tengan un nombre comercial en su etiqueta. La intensidad de la marca en estas categorías es débil. Por otro lado, si prefiere una cerveza sobre cualquier otra o acostumbra una marca de champú fielmente, la intensidad de la marca es muy alta.

La batería de la marca se carga de manera más fácil en determinados productos o servicios, donde existe una mayor posibilidad de definir valores únicos o cuando se crea una categoría nueva y con mayor diferenciación. Esas baterías (marcas) tienen una energía más potente (intensidad alta).

En el manejo de categorías dentro de las tiendas departamentales se estudia si el patrón de decisión de compra del consumidor se inclina hacia el precio, el producto o la marca. Dependiendo de esa secuencia se suele exhibir la mercancía. Podemos decir desde nuestra definición que cuando una marca tiene una intensidad alta que domina la categoría, el consumidor se dirige de preferencia a ella dentro de la exhibición y no a la categoría. Usted va por el Nescafé y sabe dónde encontrarlo.

Mi experiencia en Verde Valle me ha permitido probar que aún en productos básicos es posible crear marcas con cierta intensidad. Por supuesto que toma tiempo. Además se debe invertir en calidad, en procesos de producción, en mercadotecnia, en investigación y desarrollo y en branding. La constancia es el otro ingrediente de la fórmula. El premio está en la participación alta de la marca Verde Valle en la categoría. Nosotros hemos tenido que remar contra corriente para crear esta bandera, convencer a proveedores, colaboradores y, finalmente, a nuestros clientes del autoservicio. El consumidor, a través de los años, puede tener la seguridad de que en las bolsas verdes y amarillas de Verde Valle siempre encontrará el mejor arroz y frijol de México, y uno de los mejores del mundo. Nuestra tarea para esta marca es seleccionar mejor los productos que por condiciones climatológicas y del campo suelen cambiar sus características año con año. Esta categoría, por su naturaleza, podría tener una intensidad de marca baja, pero se ha podido crear una diferenciación basada en una promesa cumplida. Esta historia de productos básicos con marca también la conocen los fabricantes de aceite comestible, agua embotellada, huevos, leche, café, cemento y otras categorías que podrían verse a primera vista como poco diferenciadas.

No olvide que de usted depende que su marca pueda tener una intensidad alta en la categoría que participa.

GRANDES O PEQUEÑAS, VALIOSAS TODAS

La importancia de las marcas no necesariamente tiene que ver con su tamaño o tasación económica; más bien es relativa al valor y a las aspiraciones que cada empresa o persona tiene cifradas en dichas marcas. Por increíble que parezca, una de las marcas de mayor venta en las tiendas de autoservicio en México se vendió hace algunos años; se trata de aceite Capullo, antes propiedad de Unilever. La mayoría de las empresas de alimentos que operan en nuestro país añoraría tener una etiqueta con esta franquicia, a diario se comercializan camiones y camiones de este aceite comestible, sin embargo para sus ex dueños la marca no formaba parte de su portafolios estratégico de marcas globales. Unilever ha depurado cerca de 500 marcas, muchas de ellas locales, en los últimos años. Este es un clásico ejemplo del fenómeno de globalización y racionalización de las marcas. Las empresas transnacionales buscan economías de escala, reducen el número de productos y marcas que manejan porque saben que no se puede ser bueno en todo, ni hay presupuesto publicitario, de investigación y desarrollo, que alcance para destinarle una partida a cada marca dentro de un portafolios.

Existen firmas con una sola marca o con un grupo vasto de marcas que deben depurar o podar en función de viabilidad económica, de potencial del negocio y del lugar que ocupan en la actualidad.

Vámonos al otro extremo, al de un modesto puesto de tacos X muy concurrido, éste puede establecer una marca y crecer, abonando energía a su batería. Para su dueño, microempresario, su marca –léase fama–, sería un activo de gran valor. Sin embargo, aceite Capullo, aunque sea uno de los productos de mayor venta en los autoservicios, puede ser una marca pequeña para el tamaño de la multinacional Unilever.

Las marcas son relativas en su importancia al interés que persiguen sus socios, ejecutivos o dueño. Ahí pueden encontrarse buenas oportunidades.

Una buena noticia para los emprendedores y empresarios mexicanos, pequeños y medianos, es que hay algunas marcas que pueden ser insignificantes para el apetito voraz de los grandes tiburones transnacionales, pero representan una gran oportunidad de nicho. Un dueño de marca mexicano puede obtener más beneficios en lo individual, provenientes de una marca pequeña, que un ejecutivo de una gran transnacional que comparta una megamarca con el resto de su organización. Sin que esto quiera decir que las firmas mexicanas o latinoamericanas no puedan aspirar a competir al tú por tú con las extranjeras.

En este libro hablaremos de marcas muy grandes en sus ventas y de otras más pequeñas, para que usted vea que si su marca está bien posicionada, no hay marca pequeña. La empresa Interbrand publicó en 2009 las marcas mexicanas más importantes por orden en valor (cifras en millones de dólares):

Corona Extra	3329	TV Azteca	260
Telmex	2896	Soriana	180
Telcel	2878	Banamex	174
Televisa	1508	Maseca	166
Elektra	1378	Coppel	162
Cemex	1002	Liverpool	123
Banorte	852	Suburbia	110
Bodega Aurrerá	622	Sanborns	98
Bimbo	472	Farmacias Benavides	88
Oxxo	358	Farmacias Guadalajara	82

Si tomamos en cuenta el conocimiento espontáneo (*top of mind*) de las marcas en México, incluyendo las extranjeras; según una encuesta publicada por la revista *NEO*, procedente de la firma de investigaciones Brain* en marzo de 2006, las posiciones serían:

Marca	Porcentaje
Coca-Cola	18
Sony	11
Nike	4
Bimbo	4
Colgate	4
Pepsi	3
Telcel	3
G. E.	2
Nestlé	2
Ariel	2
Ford	2
Panasonic	2
Philips	2

*De 1000 entrevistas en cinco plazas.

Otros estudios incluyen a Sedal, Lala, Jumex, Nivea, La Costeña, Camel, Telmex, Axe, Marlboro, Corona, Sol, Unefón y Bonafont.

¿Y qué tan grandes son nuestras marcas con respecto a los vecinos del norte y al resto del mundo desarrollado? Basta decir que el gasto total publicitario en Estados Unidos equivale al total del PIB de nuestro país y que en el ranking de las 100 marcas más importantes del mundo, habitualmente no aparecía ninguna de los países en vías de desarrollo, hasta que en septiembre de 2010 Interbrand publicó su nueva lista y Corona emergió meritoriamente en el lugar 85, por encima de banderas como Campbell's, Starbucks y Nivea. Cabe mencionar también que en nuestro país se producen cerca de 4000 comerciales de televisión al año, aun así el gasto en esta industria es menor, en relación con el PIB, al de otros países de Latinoamérica como Brasil o Argentina. A decir de José Becker, de la agencia Euro RSCG Beker, esto se debe a la existencia de los oligopolios en México, que en otros países, al tener empresas rivales, invertirían más en publicidad para competir. Desde el punto de vista del fabricante muchas veces es mejor no comenzar una guerra publicitaria si nadie lo está haciendo en determinada categoría, pues tan sólo aumenta el gasto para defenderse.

LAS MARCAS, OPORTUNIDAD PARA MÉXICO

Otra de las razones por las cuales escribí este libro, amigo lector, es para mostrarle que podemos construir marcas valiosas y que, en la medida en que los mexicanos seamos los dueños de ellas, contribuiremos a dejar el valor agregado aquí en nuestro país. De otra manera no vamos a tener ni la competitividad por mano de obra barata y calificada como China, ni el conocimiento que se gesta en los países desarrollados, ni la propiedad industrial que genera el avance científico y tecnológico. Una empresa como IBM inscribe 2756 patentes en un año; en contraste, 134 países, incluyendo a los latinoamericanos, registran 2643 patentes.

Los mexicanos tenemos la oportunidad de hacer de nuestras empresas un nuevo modelo orientado a las marcas. El profesar pasión por una marca puede conducir a pasos agigantados hacia la superación en nuestras actividades productivas, creando una cadena muy positiva entre todos los trabajadores, que los obliga a dirigir su esfuerzo para agregarle calidad y valores a su marca. Banderas como Bimbo, Comex, Camino Real, Julio (ropa), Dupuis, Tane, Sergio Bustamante, Corona, Palacio de Hierro, Grisi (jabones y laboratorio), Sofía (gotas de manzanilla para los ojos), Tajín (salsa picante para botanas), etc., son emblemas que han disparado una pasión por hacer las cosas bien, que han logrado sostener un activo muy productivo que retiene el valor generado por la propiedad industrial dentro de nuestro país. No existe otra herramienta tan valiosa para proteger nuestra planta productiva como construir con éxito una marca. México y Latinoamérica no deben convertirse en un maquilador o exportador de mano de obra, sino en un país y región que aprovechen sus fortalezas y su esencia de marca-país para detonar su crecimiento.

¿Branding qué...?

LA DESCRIPCIÓN DEL PROCESO PARA HACER UNA MARCA

Ya vimos qué son y para qué sirven las marcas, ahora en este capítulo nos sumergiremos un momento en el tema central del libro: el branding, que en una definición sencilla se trata de las actividades que contribuyen a posicionar y hacer crecer el valor percibido de nuestra marca, y donde contribuyen todos los departamentos o personas de una organización.

La diferencia entre mercadotecnia y branding (porque frecuentemente se confunden) está en que la primera es un estudio mucho más amplio y conocido de cómo colocar nuestro producto o servicio en el mercado de la mejor forma posible, tomando en cuenta las variables de su mezcla. Se maneja desde un departamento propio (de mercadotecnia) dentro de las empresas.

El branding, como ha escrito Al Ries (autor de varios *best sellers* de mercadotecnia y uno de los creadores del concepto de posicionamiento), es una divergencia de la mercadotecnia. Es una rama que salió de ese tronco y que ahora se ha convertido en una especialización, por sí sola, debido a su importancia.

El branding tiene que ver primero con la categoría, luego con el producto y, finalmente, con la construcción de la marca, en ese orden. Trata de cómo cargar de energía a la marca, para que el consumidor identifique beneficios y valores en ella que lo hagan preferirla. En esta construcción intervienen todos dentro de la empresa, en mayor o menor grado. La mercadotecnia está íntimamente ligada con el branding, ya que ayuda a estudiar la marca y sus productos o servicios en su relación con los consumidores; también se encarga del modo en que la marca se comunica con el mercado; me refiero a empaques, promoción, publicidad, imagen gráfica y otros componentes. En el branding, construcción y sostenimiento de una marca, intervienen en lo interno compras, producción, calidad, ventas, distribución, administrativo, dirección y hasta quien contesta el teléfono; mientras que en lo externo las agencias de publicidad, de relaciones públicas, de diseño de los puntos de venta, también están involucradas en la construcción de la marca.

Branding es la suma de actividades que de manera intencionada construyen y agregan valor a una marca, abarcando a toda la organización, a las agencias y a los canales de distribución. Intramuros, extramuros, preventa y posventa.

Aunque digo actividad intencionada, muchos son los casos de marcas que han crecido orgánicamente, es decir, mediante la intuición y el talento de sus constructores que no sabían gran cosa sobre mercadotecnia o branding, pero sí de cómo hacer buenos productos, servicios o ideas. Bien por ellos, el resultado es lo que cuenta.

Concluyendo: branding es el proceso de construcción de una marca.

BRANDING INTUITIVO Y PROFESIONAL

Los ejemplos de branding intuitivo u orgánico son vastos. El denominador común es que sus creadores han manejado bien las variables para construir sus marcas, pero sin estar conscientes de que se estaban edificando una realidad y una percepción hacia el consumidor, estaban muy ocupados en desarrollar sus habilidades, sus negocios. La mayoría de las marcas mexicanas nacieron así. El jabón Roma, los Bisquets Obregón en la Ciudad de México y la pastelería Marisa en Guadalajara pueden ser algunos buenos ejemplos. Sus dueños han manejado bien las herramientas sin, quizá, tener un plan muy estructurado para su construcción.

El branding intuitivo está, de modo muy íntimo, relacionado con la capacidad emprendedora de quien construye la marca, de su enfoque en la calidad, de su ingenio para diferenciar significativamente su producto o servicio. Muchas veces, y sobre todo en su inicio, las marcas son un reflejo de la personalidad de sus dueños o sus creadores. Cada acción que se toma, cada detalle que se cuida, cada esfuerzo por mejorar los productos o servicios y la manera de comunicarlos, tienen un autor o líder detrás.

Ahora hay cada vez más profesionales de las marcas. La diferencia con respecto a los intuitivos es que han estudiado y saben manejar las herramientas, muchas de ellas nuevas, para crear una marca, trabajan a conciencia en su construcción. Un marcólogo puede ser menos capaz que un constructor intuitivo, el conocimiento no implica talento. Sin duda, la mejor combinación se da cuando encontramos a alguien que tiene la intuición y, además, maneja con mucha habilidad las herramientas modernas para construir una marca.

UBIQUEMOS EL BRANDING PROFESIONAL EN MÉXICO

En muchas empresas pequeñas y medianas se cree que la construcción de una marca es labor única del encargado de la mercadotecnia, y ese puesto se le da al egresado reciente de una carrera de mercadotecnia para que diseñe algún catálogo o haga alguna encuesta; esto es un error. Hoy día si lo que buscamos es que nuestra marca triunfe en el mercado se debe entender que el branding es una función de toda la organización, se trata de un juego de expertos, o en una mejor expresión: el branding es un juego de marcólogos, talentosos y con buena intuición.

En México y Latinoamérica todavía hay muy pocas empresas que han tomado el branding en serio. ¡He ahí la gran oportunidad para organizaciones grandes, medianas y pequeñas! En otros países, inclusive desarrollados, el branding aún es uno de los temas de negocios menos conocidos, pero de los más importantes. Ya se imaginará el futuro que tiene esta área. Ofrece grandes posibilidades a los jóvenes que quieran introducirse a fondo en esta práctica. Bien podría ser una nueva carrera dentro del tronco de las Ciencias Económico-Administrativas.

LAS AGENCIAS DE BRANDING

Tradicionalmente las agencias de publicidad o mercadotecnia han asumido el rol de asesoras en marcas. Las de estudios de mercado también incluyen en sus servicios el análisis de las marcas. Ahora han comenzado a nacer otro tipo de agencias dedicadas con exclusividad al branding. Estas últimas suelen ayudar a las empresas a encontrar un buen nombre, diseñar logotipos e identidad gráfica, establecer la arquitectura de la marca y, en ocasiones, hasta proponen algunas estrategias. Vale la pena aclarar que el branding es en esencia, y en su mayor parte, una labor de la empresa, no de la agencia. Depende de la pericia para posicionarse en una categoría, de la gente que usa ambos lados del cerebro para conducirla, de la calidad y diferenciación de sus productos o servicios, de la relevancia para comunicarlos a la mente y al corazón del consumidor. Nuestra batería se carga, más que nada y en principio, dentro de la organización.

Las agencias pueden ser de gran ayuda si tienen el talento para aportar ideas relevantes, creativas y ejecutables. Un buen ejemplo es Helix, en Guadalajara, que ha expandido sus servicios de diseño de empaques a la construcción de marcas, con tino y talento. En la Ciudad de México, Sol Consultores tiene una ejecución en el diseño de marcas a la altura de las firmas estadounidenses o inglesas.

El término branding fue considerado como las funciones que hacía una agencia para formar o mejorar la imagen de una marca. Esta concepción ha quedado atrás y ha sido remplazada por el nuevo concepto de un branding más amplio y poderoso, donde todos los miembros de una empresa participan en la construcción de su marca, a partir del posicionamiento buscado.

Tipos de marcas

LAS CARACTERÍSTICAS PRINCIPALES QUE DEFINEN A LAS MARCAS

El propósito de saber qué tipo de marca tenemos o crearemos es importante para que sea más sencillo construirla, crecerla, o revitalizarla. Además, saber qué tipo de marca tenemos nos permitirá definir mejor nuestras estrategias, dónde sí y dónde no puede extenderse el uso de una marca. A continuación presentamos las clasificaciones de las marcas.

POR SU AMPLITUD

Corporativas. Hay empresas que representan una marca en sí. Desde nuestra definición lo serían hasta que su nombre comercial genere un concepto que incluya valores definidos y distintivos. Así, por ejemplo, Televisa es la marca de una empresa, no de un producto, posicionada en un mercado masivo por su entretenimiento en varios formatos como novelas, barras infantiles, noticias, deportes, etc. Cemex tiene un prestigio como una de las pocas empresas mexicanas con posicionamiento global. También puede haber empresas medianas o pequeñas cuyo nombre se haya convertido en una marca gracias a sus valores acumulados. Son todas estas marcas corporativas, no de productos, aunque a veces compartan el nombre. En Verde Valle nos hemos cuestionado cuáles son los valores de los productos que vendemos y cuál es el posicionamiento que debe llevar la empresa, ya que compartimos la marca para empresa y productos. La pregunta clave es: ¿conlleva la misma esencia el producto que la empresa? En muchas ocasiones éstas prefieren dejar el nombre de la razón social intacto y luchar en el mercado con otras marcas; una escuela muy al estilo de Procter & Gamble, con un portafolios amplio dedicado a diferentes líneas y/o categorías de producto.

De líneas. Son marcas que se usan para dar confianza o credibilidad en una línea de productos con marcas de artículos individuales. Kellogg's es un ejemplo muy representativo de esta clasificación. Se trata de una marca que es experta en cereales para el desayuno; luego ha desarrollado marcas específicas para mercados metas diferentes como niños, jóvenes, mujeres, adultos; y también en categorías diferentes como cajas, barras y vasitos. Usted usualmente diría: "te encargo unas Zucaritas del súper," y no un cereal de Kellogg's azucarado. Kellogg's es una marca de línea que garantiza que debajo de su sombrilla, todos los cereales son de buena calidad. Nestlé es una de las marcas de línea más poderosas que existen ya que se extiende, contra la regla de enfocarse a una categoría, en muchas líneas de productos; también es el nombre de la empresa.

De productos. Son las usadas para denominar al producto, como jabón Escudo, tinacos Rotoplas, etc. En el caso de Kellogg's una marca de producto sería Corn Pops. A veces se puede extender la línea de productos con diferentes sabores y presentaciones, pero no deja de ser la marca de un producto. El jabón Escudo podría venderse con tres aromas diferentes, mas seguiría siendo una marca de producto.

Compartidas o cobranding. Es cuando se usan dos marcas en un mismo empaque o producto para sostener los valores relevantes de ambas. Casos típicos son una marca de yoghurt que se hace acompañar de un cereal; una marca de helados con galletas Oreo;

una marca de gelatina hecha con agua Bonafont —que no quiere decir, obvio, que vacíen botellitas de agua en la gelatina, sino que Bonafont licencia su marca para agregar un valor de higiene a la marca de la gelatina—; éstas sirven para dar doble confianza al consumidor o para energizar el producto. En la computadora portátil donde escribo estas líneas, aparecen las marcas: IBM, Lenovo, Intel, Microsoft Windows y ATI. Todo un multibranding.

Hay patrocinios que funcionan como marcas compartidas y pueden cambiar en el tiempo. Cuando Lorena Ochoa comenzaba a jugar y usaba una gorra de Audi, la balanza del peso de la marca-persona y la marca de autos parecía un tanto nivelada. Ambas marcas se veían beneficiadas. Cuando Lorena empezó a destacar, no hay duda que esta talentosa tapatía cargaba energía a favor de la batería de Audi. Insignia típica del segmento que practica el golf. Ahora retirada, la marca-persona de Lorena Ochoa puede seguir adelante con otro posicionamiento de poséxito. Tal como Pelé, quien aprovecha su fama (batería cargada) como publirrelacionista. La Copa Santander Libertadores y Pelé son también un cobranding.

En el periódico se anunció el espectáculo de baile Jarocho; por sí sola esta marca no prometería mucho, al no ser muy conocida, pero al ser acompañada por la leyenda "de los creadores del Riverdance" se agrega un valor adicional. El show vale, se trata de un musical al estilo de Riverdance, pero recogiendo un México "fino y contemporáneo" a través de los bailes y la música de Veracruz. Estas marcas compartidas son ejemplo de un reforzamiento bien hecho.

En las marcas políticas de México, el candidato suele estar por encima de la marca del partido, pero también existe un cobranding. Partido y candidato se patrocinan o se afectan con su fama, con la energía cargada o descargada en sus baterías.

Permítame citar una clase de cobranding muy peculiar: el de los premios. Un lector, dentro de la minoría de personas que leen en nuestra Latinoamérica, puede iniciar su gusto por un autor, que no había leído, si éste recibe el premio Nobel. La marca-persona Herta Müler (escritora rumano-alemana) se ha hecho notar entre el mercado intelectual por haber ganado la famosa presea sueca en Literatura, y qué decir del ganador del mismo premio en el año

2010, Mario Vargas Llosa. Así también, un autor joven puede darse a conocer si gana el premio Alfaguara. Tal como sucede con las películas y los Óscares o Cannes. Persona y premio se vuelven un cobranding.

Marcas propias. Llamadas también privadas. Son las que crean las grandes minoristas aprovechando la fuerza y distribución de su canal, y reciben un trato preferencial ya que son las de casa. Las cadenas como WalMart⋇, Soriana, Chedrahui, Comercial Mexicana, Liverpool, Palacio de Hierro, etc., mandan maquilar sus propias marcas con el mejor postor de sus proveedores. En algunas categorías representan una amenaza para las marcas comerciales. De acuerdo con un ex comprador de marca privada, de una de las cadenas comerciales grandes del país, su participación varía desde 5% de las ventas hasta 15%. Esta última cifra es la alcanzada por las marcas privadas de HEB, cadena texana que opera principalmente en Monterrey y el noreste de México, y que es experta en crear no una sino varias marcas propias, dirigidas a diferentes segmentos y categorías; usa para ello lo mejor de sus proveedores mexicanos y estadounidenses. Varias de sus marcas propias rebasan las marcas comerciales de sus proveedores.

Si quiere conocer un manejo estupendo de las marcas propias visite Target en el país vecino al norte. Han sobrepasado a algunas marcas comerciales e incluyen una firma de diseñadores distinguidos, desarrollando empaques novedosos y ofreciendo más valor por lo que usted paga. Recientemente Target lanzó su marca Up&Up para cientos de artículos, en la etiqueta aparece una leyenda que compara el producto Up&Up con el líder del mercado; por ejemplo: "fórmula alimenticia para bebé 730 g Up&Up, compare con Enfamil y Similac". El consumidor realmente se cuestiona si pagar 20 o 30% más vale la pena por la marca Premium. Otro ejemplo de una marca privada bien ejecutada es President's Choice que se encuentra en las tiendas canadienses Loblaws, que abarca desde refrescos de cola con gran rotación y sus famosas galletas The Decadent, de mantequilla con chispas de chocolate, hasta servicios financieros.

Y si usted va a maquilarle a algún comerciante su marca propia, no olvide que el negocio está en el flujo de efectivo que recibe ahora, ya que siempre estará cargando la batería de alguien más, en este caso la de las grandes marcas comerciales. Si toma una marca privada, un día será suya..., otro día posiblemente no.

De acuerdo con AC Nielsen, publicado en *Milenio* en marzo de 2006, la participación de marcas propias en Latinoamérica aún es baja comparada con otras regiones del mundo:

	Porcentaje
Global	17
Europa	23
Estados Unidos	16
Mercados emergentes	6
Asia Pacífico	4
Latinoamérica	2

Según un artículo publicado por *El Universal* en 2009, ocho de cada 10 mexicanos consumen marcas propias. La facturación de las cadenas minoristas de marca privada pasó de 4.7 a 6.1% en el mismo año, como lo señala LatinPanel México.

Marcas de personas. Las personas también pueden ser marcas, y en ocasiones muy poderosas. El mejor activo que tienen las personas es su propia reputación. Uno sabe en quién confiar y en quién no, mediante el prestigio que ha conseguido durante su trayectoria profesional, social, de negocios o política. De la misma manera que las marcas se cargan de energía favorable durante su construcción, las personas se van haciendo de un nombre, es decir, de una marca a lo largo de sus carreras. También, como las marcas, los nombres profesionales, políticos o de negocios tienen valores.

El célebre arquitecto Luis Barragán está identificado con el inicio de la arquitectura mexicana moderna. Otros arquitectos contemporáneos como Enrique Norten y Juan Sordo Madaleno gozan de buenas marcas-persona. Un médico como Ortiz Monasterio disfrutó por muchos años del posicionamiento como un apasionado artista y profesional de la cirugía plástica. Una deportista como Ana Guevara desafió, por un tiempo, la idea de que las atletas mexicanas no podían destacar en la escala global, menos aún en pruebas dominadas por mujeres de color; se posicionó como una triunfadora en el género femenino. Un abogado como Juan Velásquez está posicionado como un defensor hábil y astuto de casos difíciles de políticos y gente célebre.

Alondra de la Parra se posicionó como una talentosa directora de orquesta joven y guapa, capaz de dirigir en cualquier lugar del mundo. El venezolano Gustavo Dudamel posicionó su marca-persona como un joven y carismático también director de orquesta, quien ha renovado con juventud músicos y audiencia. Ambos son también balas de plata para la categoría de música clásica. Más adelante veremos la definición de este tipo de marcas.

Un empresario como Carlos Slim tiene sus valores centrales de marca, primero en ser libanés, con lo que ya implica esa ascendencia; segundo en su destreza; y tercero en estar en el momento y lugar adecuados para disparar su fortuna. AMLO (Andrés Manuel López Obrador) está posicionado como un luchador social incansable de la izquierda mexicana para su mercado y como un agitador social para sus detractores. Las marcas de personas son mucho más celosas y difíciles de mantener que las marcas de productos o servicios, pues tienen un sistema inmune más débil, sobre todo cuando se trata de situaciones donde se pone en entredicho la honradez en puestos públicos, o la reputación como en el caso de los artistas. El sistema inmune de las marcas es la defensa que tienen por haber acumulado antes una buena fama o energía en su batería. Cuando pasa algo malo con ellas, el consumidor acostumbra perdonarlas debido a sus méritos acumulados, sólo en casos de una descarga letal el consumidor no volvería a adquirirlas.

Uno puede sembrar su marca-persona durante toda la vida y basta un mal paso, en el tema de la honradez o la capacidad, para acabar con el nombre.

Algunas marcas-persona pueden heredarse o compartirse, como ocurre con los buenos despachos de abogados, notarios y auditores. Por eso son marcas, porque el esfuerzo y prestigio acumulados en su batería sirven para que otros profesionistas se apoyen en él, para continuar con la marca.

Unas de las marcas-persona más difíciles de manejar son las políticas. En algunos otros países, los ex presidentes recientes, por más malos que hayan sido reciben una especie de veneración que luego se convierte en el nombre de autopistas, aeropuertos, edificios públicos, etc. En el México moderno no hay muchas marcas-personas de presidentes, quizá la que tiene más intensidad es la del presidente Cárdenas quien dejó un nombre con reconocimiento que ha favorecido al hijo y al nieto, avenidas importantes sí llevan su nombre. El campo político es sumamente atacado, cuesta mucho trabajo acumular energía en una batería. Ahora en la semidemocracia que vivimos, los adversarios políticos se encargan de descargar la batería de otros candidatos.

Una categoría muy interesante de las marcas-persona es la que genera el arte. Basta una firma de Orozco, Botero, Tamayo o Siqueiros (por citar algunos artistas plásticos latinoamericanos) para aumentar el valor de un cuadro hasta las nubes; sus rúbricas conllevan la genialidad de estos grandes. En el campo editorial, un nuevo libro de Gabriel García Márquez, Carlos Fuentes o Vargas Llosa se vende como pan caliente por el simple hecho de llevar sus nombres en la portada; estos prodigiosos escritores han creado una marca que le garantiza al lector una obra literaria de gran calidad.

Sergio Bustamante ha creado una marca-persona en arte-objeto, siempre con su sello mágico personal. No quisiera dejar fuera de estos ejemplos de marca-persona al maestro de los moneros en México: Rius, su marca también vende como pan caliente; años de luchar contracorriente, valentía y humor han cargado la batería de este autor.

Los pintores, escritores y artistas en general, normalmente no aprovechan las herramientas de la mercadotecnia y el branding, no es necesario que ellos sean expertos, pero sí que tengan un buen agente o galería que sepa promoverlos, que trabajen en mejorar la ecuación de valor de su obra.

Marcas de personajes. ¿Por qué Cri-Cri no desarrolló una marca de personajes como Disney? Dejo a usted la respuesta a esta pregunta muy vieja. Es un hecho que los personajes pueden convertirse en marcas. En Bélgica, la vieja serie de historietas cómicas Tin Tin ha creado tiendas donde se vende una amplia línea de ropa y artículos diversos con la efigie de sus personajes. Quino podría haber explotado más su marca *Mafalda*; usted puede comprar una de sus playeras o libros en Argentina, pero bien podría haber seguido el modelo de Tin Tin y crear todo un concepto más desarrollado de tienda. Asumo que a Quino no le interesaría comercializarse, si lo hiciera, sería una pequeña bala de plata para el turismo creciente en su país, todo mundo querría entrar a la tienda de Quino.

Los comerciantes conocen la ventaja que tiene apoyarse en personajes de franquicia. Una pasta, un cereal y hasta unos calcetines, se venden más en el mercado meta infantil por traer a un personaje de Disney que por la marca del producto.

Marcas invisibles. Este término que suena más bien como un adorno al lenguaje dentro del medio de la mercadotecnia y el branding moderno es, empero, real. Veamos el caso de Walmart⁕ y Aurrerá. La primera es la cadena comercial más poderosa del mundo, con 8416 tiendas en más de 16 países (hasta noviembre de 2010). No hay duda de que avanza incontenible hacia un oligopolio del comercio debido a su "agresiva" estrategia de precios bajos y volúmenes de compra. Resulta que gran parte del éxito de sus tiendas en México, al inicio, provino de la marca invisible de Aurrerá. La excelencia operacional de Walmart⁕ se combinó con la marca invisible de Aurrerá y su *expertise* para manejar sobre todo abarrotes. La unión del 1 de Estados Unidos con el 1 de México. El posicionamiento de Walmart⁕ en México tiene todavía mucho del sello original de Aurrerá, dentro de sus diferentes formatos de tiendas como Bodega, Supercenter y Superama.

En 2005 Verde Valle lanzó Isadora, una nueva línea de frijoles esterilizados y empacados en una bolsa termorresistente en vez de la lata. En este lanzamiento había varias marcas invisibles atrás que mejoraban las posibilidades de éxito: Al y Laura Ries como asesores en marca y mercadotecnia; Olabuenaga, en la creatividad; Control Media (ahora Carat), en la planeación de medios; Arochi, en la protección legal de la campaña. Todas fungen como marcas invisibles que dan soporte a la construcción de una marca nueva.

Por los recursos invertidos

Sembradas o de baja inversión. Existe un gran número de marcas que se han construido sin presupuestos publicitarios, más orgánicamente, siguiendo una lógica de mejoría comercial, atinando en el gusto del consumidor. Suelen partir de cero, nacen con el sueño de su propietario de fabricar un producto, enfocado a una pequeña zona geográfica o en un solo canal de distribución, luego van creciendo en distribución y se convierten en un negocio importante.

Una historia que no podría dejar fuera de este libro es la de la Salsa Tajín. En Guadalajara –siempre puestera– cuando niño, era un agasajo ir a la colonia Chapalita o "enfrente del Anglo" a comprar pepinos, jícamas y mangos bañados en chile. Se trataba de una salsa entre dulce y salada con un picor travieso y delicioso. En los años ochenta a Horacio y Alfredo Fernández, recién egresados del ITESO (posicionada con gran tino como Universidad Jesuita), se les ocurrió decodificar la fórmula de esta salsa y envasarla industrialmente bajo la marca Tajín. Hoy día su marca ya se convirtió en el nombre genérico del producto, se vende en todo el país, en Estados Unidos y en España, líquida y en polvo. Su éxito está en que le quita lo aburrido a las frutas y las transforma en una botana saludable y deliciosa. Es un maravilloso ejemplo de una marca sembrada o con crecimiento orgánico. Otro muy reciente son las Tostadas Sanísimo, de Francisco Torre, de Monterrey, con una imagen *naive*, pero atinando al atributo de ser saludables y al beneficio de no sentirse culpable de comer fritangas. Muestras de este grupo pueden ser, además, los detergentes Foca y Roma, las conservas de La Morena, las salsas Tamazula y Valentina (esta última la de mayor venta en el país).

Muchas veces, después de varios años, los dueños de estas marcas sembradas se atreven a invertir en publicidad que suele ser un poco inocente. Hay que sentir el momento para saber cuándo dejar de sembrar intuitivamente una marca y comenzar a manejarla con profesionalidad.

Las empresas grandes no tienen la paciencia económica de hacer crecer una marca sembrada; tampoco sus ejecutivos de arriesgarse a crear una. Esta labor es más propia de los pequeños emprendedores. Suele suceder que cuando una marca sembrada adquiere un tamaño apetitoso, entra en la geometría de un cambio generacional –típico de una empresa familiar--, o es adquirida por una corporación; por ejemplo, Chocolate Abuelita, ahora propiedad de Nestlé; La Sierra, ahora de La Costeña (vía Sabormex); Coronado, ahora de Bimbo; Tostadas Sanísimo, también ahora de Bimbo; Pelón Pelo Rico, ahora de Hershey's; Gatorade (bebida creada en una universidad estadounidense), primero de Quaker y ahora ambas de Pepsico; detergente Más color, ahora propiedad de Química Henkel.

Cosechadas o de alta inversión. Son aquellas marcas que se crean de la nada, con un gran presupuesto publicitario. Se acordará de la campaña de agua Bonafont en los años ochenta, fue una marca que nació de la noche a la mañana creando una nueva categoría de aguas embotelladas y apoderándose de ésta con rapidez. Qué decir del aceite de cocina Nutrioli, que entró en una categoría saturada en apariencia, mediante una gran campaña de puntos de ventas y un posicionamiento basado en sus cualidades nutrimentales. Lala intenta, como pocas empresas, posicionar nuevas marcas en segmentos como jugos de fruta, yoghurt, licuados, etc., y las apoya con un gran presupuesto publicitario y una distribución masiva que aprovecha la fortaleza de su sistema de distribución en la cadena de frío. Todos estos productos-marca han sido creados con la intervención de una agencia importante, un departamento de mercadotecnia formal y un capital jugoso.

Hoy día, para dar a conocer medianamente una marca en México (si su decisión es usar medios masivos), tendrían que gastarse, en cifras variables, dos millones de dólares como mínimo para lograr unos mil GRP's (Gross Rating Points). Además debe acertarse en un mensaje con suficiente drama y relevancia para que el consumidor voltee a verlo. En Estados Unidos, para una campaña nacional, tendría que gastarse por lo menos de 10 a 20 veces más.

Por sus características geoculturales

Marcas de países. En un centro comercial de Miami hay un kiosco donde se venden camisetas de algodón con la imagen de diferentes países del mundo, tienen el nombre y un pequeño escudo enfrente, bordados. Los colores de las playeras corresponden a las usadas por los equipos de futbol de cada nación. ¿Cuáles cree que son las de mayor venta? Tome en cuenta que la mayoría de los visitantes son de Latinoamérica. Número 1: Brasil, número 2: Italia. Esta inclinación de compra podría significar un estudio de mercado interesante sobre el posicionamiento de los países en la mente de los latinoamericanos. Brasil e Italia han cargado sus baterías con la energía positiva de los triunfos en el futbol y con los rasgos carismáticos de su gente y territorios. Los brasileños son muy queridos en todo el mundo por su alegría y forma de leer la vida. Se puede decir que la manera de ser de sus habitantes ha contribuido, sin advertirlo, en una marca-país a través de los años.

Le recuerdo que cada nación goza de un cierto posicionamiento acorde con sus características principales. Francia es un país-boutique; cualquier prenda de vestir, accesorio femenino, perfume, vino u otros artículos suntuosos, pueden tener un precio mayor si en su etiqueta aparece la palabra Francia. Esta gran nación tiene un prestigio por su elegancia, que va en relación directa con los beneficios intangibles que otorga a los consumidores de los artículos franceses. Ese posicionamiento viene de toda una tradición e historia en la cual los franceses han cargado de energía su batería. La marca Italia está posicionada con diseño; Suiza con relojes, farmacéuticos y productos lácteos; España con turismo; Japón con electrónicos y tecnología; China con mano de obra barata, hasta ahora, porque pronto tendrán sus marcas; Perú con buen algodón; Colombia con café; Chile con vinos de mesa; Cuba con puros y ron; Argentina con productos de piel y futbol, etcétera.

Puede o no estar de acuerdo conmigo en las anteriores clasificaciones, pero lo que me interesa proponer es que es muy difícil que las marcas que se posicionan en el mundo rompan con la esencia de su país de origen. ¿Usted compraría un automóvil de marca portuguesa? ¿De dónde preferiría un chocolate, de Suiza o de Tailandia? Olvide un poco la calamidad del malinchismo, sólo analice cómo cada entidad de nuestro orbe se ha apoderado de una categoría de productos y servicios, en función de la esencia que proviene de lo que sabe hacer su población.

Algunas de las pocas marcas mexicanas que gozan de una buena reputación en el extranjero son Corona, Tecate, Cuervo, Interceramic, Tane, Camino Real y Sergio Bustamante. ¿Cree usted que sea una coincidencia que estas insignias tengan como valor principal la festividad, la artesanía y la hospitalidad? ¿Le parece que un australiano compraría una marca de computadoras mexicanas como Lanix? De seguro no, con todo respeto para esta marca orgullosamente construida en nuestro país; acaso elegiría una marca estadounidense o japonesa.

Cuando escribía este libro tuve una conversación con Alberto Martínez Barone, director general de la empresa Atlética, la cual comercializa la línea de ropa deportiva que rivaliza en México al tú por tú con marcas como Nike, Reebok y Adidas. Atlética tiene que realizar un doble esfuerzo para luchar contra su marca-país, además de enfrentar el poderío financiero de las citadas firmas que adquieren los espacios exclusivos (*corner stores*) de las grandes cadenas comerciales. Un holandés, por ejemplo, quizá preferiría comprar Nike que Atlética. Dentro de la esencia de la marca Atlética, en mi opinión, está la relación de un nuevo México, más exitoso en los deportes, que debería ser el ángulo principal de posicionamiento de esa marca.

¿Sabe usted cuál era hasta los años noventa la mayor marca de comida procesada mexicana en el mundo? Se llama Casa Fiesta, y no está en Querétaro, ni en el Estado de México, sino en ¡Lousiana!; y sus dueños no se apellidan Martínez o González, sino ¡Brown! En su almacén de material de empaque se pueden leer docenas de diferentes idiomas, desde árabe hasta alemán, en las etiquetas que se colocan en las latas de salsas, frijoles y chiles. Los estadounidenses se han apropiado del posicionamiento de la comida mexicana en el mundo. El sabor Tex-Mex es interpretado por los comensales, en todo nuestro planeta, como comida mexicana. La marca-país no es México, porque la seguridad alimentaria y la manera de integrar un kit práctico y de comida rápida son beneficios tangibles, que se prefieren viniendo de una zona que evoca a México, pero con la modernidad del país de las barras y las estrellas. Además, fueron los estadounidenses los primeros y más fuertes en atacar esta categoría. Razón suficiente para quedarse con ella.

Si usted va a exportar asegúrese de que la esencia de su marca y los beneficios que propone no se vean afectados por su marca-país, mejor úsela a su favor. Tal como los italianos la usan para vender su calzado o los alemanes sus automóviles.

El Consejo de Promoción Turística de México encargó a la empresa Dessign Associates la marca México, que pretende abarcar productos y servicios de nuestro país, sobre todo del ámbito turístico. Se intenta hacer sinergia para promover el país bajo un mismo concepto. La estrategia es relacionar la marca-país con mexicanos exitosos en diferentes ámbitos, a los que se les ha llamado embajadores, entre los cuales se encuentran Emilio Azcárraga Jean, Ana Guevara, Patricia Quintana, Roberto González Barrera, Alejandro González Iñárritu, Guillermina Aguilar Alcántara, Mario Molina, Lorena Ochoa y Enrique Norten.

La iniciativa es buena, permite dar una nueva identidad gráfica a nuestro país, y el logotipo lleno de colorido refleja de inmediato los valores de nuestra cultura. Lo que no podemos olvidar es que la marca la hacemos los mexicanos con la calidad de lo que producimos y servimos. Una marca-país tarda muchos años en crearse y depende de sus habitantes y de su capacidad de competir y sobresalir. Un macrocosmos está formado por todos los microcosmos, unos cuantos embajadores y un logotipo bonito no bastan; ayudará sin duda y qué bueno, pero México será una gran marca cuando nuestro país realmente despegue como nación. Más crimen, mayor descarga de batería.

*La marca-país es una fotografía de lo que son
la gran mayoría de sus habitantes.*

Marcas de ciudad. Así como cada país tiene un posicionamiento, resultado de lo que sus habitantes han hecho de él, las ciudades también pueden ser marcas. Piense en Monterrey y seguro lo asociará con industria, capital, progreso o cabrito; Cancún, con turismo mundial y bellezas naturales; Guadalajara (o Jalisco), con tequila y mariachi; Oaxaca, con artesanía y cultura autóctona. Usted tendrá más éxito en vender un chocolate si lo acompaña con el origen de Morelia y no de Mexicali. Podrá aumentar sus ventas de calzado si después de la supuesta marca italiana, que algunas empresas mexicanas hacen parecer como original, agrega la palabra Milán.

Las marcas-ciudad, como todas las marcas, pueden también cargar batería y descargarla. El desafortunado nivel de criminalidad en Ciudad Juárez, por ejemplo, ha mermado su marca como ciudad y la ha posicionado como un lugar peligroso en la esfera nacional e internacional. Desafortunadamente los hechos de violencia y crimen también han descargado la batería de Monterrey, ciudad normalmente posicionada como industrial y emprendedora. También la marca-país y sombrilla México, arrastra a muchas otras entidades del país para bien o mal, hay así casos positivos: hasta el momento de imprimir estas letras muchos destinos turísticos como Los Cabos, Puerto Vallarta, Cancún, San Miguel de Allende y Oaxaca aparecían como marcas favorecidas por turistas extranjeros en revistas especializadas.

Marcas regionales. En nuestro país, como en muchos otros, los habitantes de una región tienen la necesidad de sentirse parte de algo más grande, participan en la identificación de unos colores, y una identidad local, y una misma pasión. Los equipos de futbol son, en gran medida, marcas regionales; en su caso más extremo el aficionado las hace suyas hasta convertirlas en una religión deportiva, comparte con todo el grupo las frustraciones de una derrota o la alegría de un triunfo. Los individuos encuentran una identificación grupal en la marca y sus resultados.

¿Usted ha escuchado a un sinaloense que diga con orgullo que la salsa que ahí se consume es la Guacamaya; o a un tapatío, la Tamazula; o a un capitalino, la Búfalo? Qué decir de las cervezas, los regios se enorgullecen del consumo local de la cerveza Indio; y los yucatecos, de la León. Muchas veces estas marcas llegan a ser iconos de una región, luego su fama comienza a invadir otras zonas geográficas con el mito de: esa es la buena en tal o cual lugar. Este fenómeno puede aprovecharse como estrategia de crecimiento; por ejemplo, hace algunos años en Guadalajara no había pastelerías El

Globo, uno veía a personas cargar charolas llenas de garibaldis en el avión del D. F. a la Perla de Occidente, esto representaba la oportunidad de traer el valor de lo escaso y afamado a otra región; de esa manera, después se abrieron pastelerías El Globo en Guadalajara. Así, ahora hay quien se lleva galletas de Marisa de Guadalajara al D. F., San Diego y hasta a Tokio, aunque usted no lo crea. En otras ocasiones las culturas son tan locales que las marcas regionales no necesariamente se pueden exportar.

Marcas anglonorteñas. En 2004 Lucía Álvarez, la creativa gerente de marca que trabajaba en Herdez, me compartió que estaban lanzando, en la frontera norte del país, una campaña con una nueva versión de uno de los productos más exitosos en México, la mayonesa McCormick, de la cual se venden decenas de miles de envases todos los días. Se trata de una imagen más agringada de nuestro producto original, me dijo. En el comercial aparece un Tío Sam —estridente para la mayoría de los mexicanos— que anuncia el producto dando la sensación de una convención del partido republicano. Esta estrategia en Tabasco o Veracruz habría sido de pésimo gusto, pero en la frontera o en Monterrey, queramos o no, hay afinidad con lo proveniente de Estados Unidos.

Cuando me tocó conducir el lanzamiento de los productos Hunt's en México, los mayoristas de la frontera preferían los que venían del otro lado, aunque era exactamente la misma presentación, pero con distinta etiqueta. Así pues, los frijoles enlatados líderes en el norte son los Ranch Style con sabor dulzón y texano, con una etiqueta negra que no ganaría ningún concurso de diseño gráfico, pero que encanta a los amantes de las tradiciones anglonorteñas. Confirmé este hábito en varias sesiones focales con amas de casa regiomontanas que platicaban cómo sus hijos comían chili-dogs en las fiestas infantiles, usando los frijoles de Ranch Style como aderezo, al más puro estilo texano.

HEB, la cadena de autoservicio con sede en San Antonio, no imaginó que su formato de tiendas y sus marcas privadas fueran a tener tanto éxito en los niveles socioeconómicos medio y alto del noreste de México. Fueron muy certeros al detectar los hábitos de esa zona, se dedicaron a hacer, antes de su entrada al país, cualquier cantidad de estudios de mercado para conocer bien a su nuevo consumidor. La marca HEB es un ejemplo claro de una marca anglonorteña bien posicionada. No estoy seguro de que logre el mismo éxito en Guerrero.

Si decodificamos los valores que contienen estas marcas, tan populares en Tijuana, Ciudad Juárez y Monterrey, encontraremos que existe un anhelo de pertenencia e identificación con la cultura estadounidense, a grado tal de que en Monterrey (y ahora en más plazas) el formato de tiendas de HEB respeta la atmósfera y experiencia de compra de sus tiendas en Texas. El consumidor regiomontano no tiene que viajar un par de horas y cruzar la frontera para tener una sensación de comprar en "el primer mundo"; lo puede hacer en sus mismísimas colonias, dentro de su ciudad.

Mi diálogo (a nivel de amigos) con Lucía Álvarez y su nueva mayonesa era si el sagaz consumidor norteño identificaría su producto como el que "realmente" provenía de Estados Unidos. Ha habido otros intentos de marcas con imagen estadounidense, pero que no representan el valor original; el consumidor norteño, la mayoría de las veces, las discrimina.

Vale señalar que este tipo de transculturación no es privativo de México. En otros países del mundo las zonas fronterizas suelen ser un tanto mezcladas en sus costumbres, es casi inevitable y florecen nuevas subculturas; las marcas anglonorteñas absorben este fenómeno.

Marcas nacionalistas. Se trata de aquellas marcas donde el consumidor reconoce inconscientemente una identidad con su país o región, en relación con la categoría que consume. ¿Usted cree que un mexicano preferiría comprar un tequila californiano? Por supuesto que no. El tequila es una bebida que tiene dentro de sus valores intangibles el orgullo y el nacionalismo. Cuando los mexicanos vamos al extranjero nos enorgullece pedirle a un cantinero un buen tequila. Nos sentimos bien de solicitarlo derecho y no en Margarita, como si tomarlo así no fuera digno de un mexicano, sino de un gringo en Cancún. Asimismo, para chiles jalapeños compramos La Costeña; y maíz para tortillas, Maseca. Muchos mexicanos estarán decididos a seguir suscritos a Telmex o a Telcel, y a tener su cuenta en Banorte, por ser empresas todavía mexicanas. No en vano el acertado ángulo competitivo de "El Banco Fuerte de México" o "Todo México es territorio Telcel". Está claro que quisieron posicionarse con base en los puntos de diferenciación de un banco mexicano que todavía sobrevive y ofrece solidez para el ahorrador, y a una marca de celulares que abarca lo ancho y largo de la tierra del Sol. Durante el Bicentenario de la Independencia, en 2010, Maseca y Banorte patrocinaron *Gritos de muerte y libertad*, un programa de televisión sobre la historia de la Independencia de México y, a su vez, una excelente estrategia publicitaria alineada con su posicionamiento de marcas nacionalistas.

De alguna manera la selección mexicana de futbol, la Virgen de Guadalupe, las Chivas del Guadalajara, las cervezas Corona y Tecate, y los hoteles Quinta Real también son marcas nacionalistas, que cuando salimos al extranjero nos gusta presumir.

Los mexicanos solemos ser, con el error intrínseco de generalizar, malinchistas o nacionalistas con las marcas, lo que se explica por la esencia de la categoría de cada una. Evidentemente confiamos más en las computadoras HP que en las extintas Printaform. También sabemos que en electrónica y mecánica dominan las marcas globales.

No quiero dejar pasar esta clasificación de marcas sin mencionar la gran oportunidad que tenemos de desarrollar mejores marcas en el sector turismo. La hospitalidad sí es un valor real en nuestro país. El servicio ha mejorado mucho, pero todavía hay un gran trecho por recorrer. Hablo de construir marcas turísticas para traernos en un futuro a los chinos, entre otros tantos extranjeros, a que conozcan nuestro país, en vez de preocuparnos tanto porque nos coman el mandado con su capacidad manufacturera. Tampoco olvidemos las oportunidades en el área vitivinícola.

Marcas nostalgia. Los mexicanos y latinoamericanos, en general, estamos dispuestos a pagar un sobreprecio en Estados Unidos por las marcas originales de nuestros países de nacimiento. Se puede entrar en algunas carnicerías de Chicago y sentir que estamos en una tienda de México, encontrando marcas como Herdez, Milo, La Costeña, Verde Valle, Bimbo, La Moderna, Maizena, Jarritos, Jabón Grisi, Ariel (a veces de contrabando), etc. Nuestros paisanos, sobre todo los recién emigrados, sienten confianza y a veces nostalgia por las marcas originales de nuestro país, estos son sus principales valores intangibles. Usted habrá oído hablar del caso en el cual una Coca-Cola en envase de vidrio, embotellada en México, se vende más cara que su contraparte en Estados Unidos; hasta hace poco esta mercancía pasaba de contrabando, ya que la botella de vidrio pesada no se fabricaba más en ese país. Al parecer no sólo el envase nostálgico ha ocasionado este fenómeno, sino el hecho de que el refresco se endulzara con azúcar proveniente de la caña.

En los años noventa tuve oportunidad de conocer de cerca el interesante caso de Jarritos, marca mexicana de refrescos de sabores, que en nuestro país se había debilitado hacía muchos años, pero que gracias al acierto mercadológico de un grupo refresquero de Chihuahua y a la habilidad de Sandy Gross dentro del canal latino en Estados Unidos, llenó el nicho desatendido de una marca original de refrescos mexicanos. Hoy cruzan docenas de camiones de esta bebida cada semana desde México a Estados Unidos, cuando en nuestro país es difícil encontrarla. La estrategia fue aprovechar un nombre nostálgico, conocido por los inmigrantes de primera generación, con los sabores y coloridos que difícilmente se encuentran en las sodas anglosajonas. Su eslogan se relaciona con el refresco de la comida mexicana.

Todas estas marcas tienen su posicionamiento propio en el mercado nacional, pero cuando cruzan la frontera tienen una marca-país invisible y muy favorecedora que se llama México.

Hay otras tantas marcas latinas que no provienen de la nostalgia, sino del resultado de la nueva cultura del inmigrante, me refiero a las segundas y terceras generaciones que tienen un pie en su país de origen (México, El Salvador, etc.), el otro en Estados Unidos y la cabeza dentro de una nueva nación de emigrados. Goya, La Preferida y El Mexicano son marcas de este tipo.

Según datos de Yankelovich Hispanic Monitor (2002), los latinoamericanos −o hispanos como se les ha bautizado desatinadamente en Estados Unidos− están divididos en tres grupos de acuerdo con su grado de integración: los hispanos, los biculturales y los integrados o aculturados. Los hispanos representan 57% (67% son mexicanos) y están más cerca de su cultura original, incluyendo lenguaje y valores familiares; éstos suelen ser más devotos de las marcas originales de México o su país de origen. Los biculturales forman 21 % (46 % de México), quieren retener lo más posible de su cultura latina, pero también adoptan aspectos de la cultura anglosajona; hablan tanto español como inglés. Los aculturados representan 22 %, han dejado atrás sus raíces latinas para integrarse por completo a la cultura estadounidense.

Marcas globales. Las economías liberales han dejado el campo fértil para aumentar la brecha de las empresas transnacionales y sus marcas globales con respecto a las marcas locales. Los medios de comunicación, considero por supuesto la Internet, han ido borrando fronteras y formando una cultura globalizada, sobre todo entre los jóvenes. En los NSE (niveles socioeconómicos) altos y medios ahora es mucho más frecuente que los jóvenes vayan, con una mochila colgada al hombro, a Europa y absorban partes de su cultura, incluyendo la de consumo. Los adolescentes que entran a un McDonald's o Starbucks en Pekín, Estambul, Bangkok, Berna, Seattle o Monterrey, pueden coincidir en lo que comen, en la música que oyen, en los programas de televisión que ven y en la ropa que usan.

Hoy día una marca global puede manejarse estratégicamente en una ciudad como París y ejecutarse localmente en México.

Se decide una estrategia de posicionamiento global y luego se cambia la táctica de ejecución. El champú Pantene puede basar su ángulo competitivo en los beneficios de brillo y sedosidad, y cambiar la raza de la modelo del comercial según el país. Una pizza de Domino's sigue el mismo posicionamiento de expertos en entrega a nivel mundial, pero difiere en algunos ingredientes para recetas locales. Aquella máxima de: "si deseas entrar a un mercado global, piensa localmente", no se aplica por completo en todos los casos.

Las marcas globales tienden a utilizar lo mejor posible una producción consolidada geográficamente, reducen el número de artículos y penetran en el mundo con una imagen precisa de globalidad. Algunos consumidores mexicanos encuentran valores intangibles al consumir marcas conocidas en todo el mundo. Desean pertenecer a un grupo más grande, no se quieren quedar atrás. Razón, entre otras, del éxito reciente de Starbucks. A estos consumidores poco les habría representado que El café de Córdoba hubiera lanzado antes un formato y servicio como el de Starbucks; en su interior había un deseo de pertenecer a una marca global que a su vez proviene de la modernidad, para bien o mal, de una marca-país como Estados Unidos. Más aún, su percepción de globalidad puede ser tan fuerte, que quizá muchos consumidores en México lo identifican como icono de eso, de modernidad y globalización, sin importar que la marca-país sea Estados Unidos.

Klaus Werner y Hans Weiss en su *Libro Negro de las Marcas*, citan el lado oscuro de las empresas globales y su relación con prácticas de corrupción, el trabajo infantil, la destrucción del medio ambiente y el maltrato a los animales. Hablan de cómo, cada vez más, las grandes empresas trasladan sus fábricas a países subdesarrollados y aprovechan condiciones inhumanas de trabajo.

Mi conjetura es que las marcas globales son una realidad de nuestra cultura actual, lo que no las exime del respeto al ser humano y su medio ambiente, aun si se trata de reducir sus ganancias; a largo plazo, en un mundo más educado, acciones positivas de ese tipo pueden cargar a favor de sus baterías. Las marcas globales son blancos naturales de los ambientalistas, de los defensores de derechos humanos y de los luchadores sociales; deben entonces hacer programas muy claros de comunicación en ambos lados del hemisferio y tratar de construir nuevos modelos que balanceen el mundo de Wall Street y las necesidades de los países en desarrollo. Recientemente me tocó presenciar una entrevista con el CEO de Starbucks en un programa de noticias en la TV estadounidense, aclaraba que su empresa no hacía quebrar a los cafés tradicionales, contrastando con la queja de algunos entrevistados aludidos; que de hecho hacía crecer la cultura de consumo del café, funcionando como una marca bala de plata (marca que vigoriza una categoría). Esta situación ocurre en México al darse la venta de café en otros establecimientos como Oxxo, Seven Eleven e Illy. Starbucks aparenta tener un programa de relaciones públicas sobre su justicia en la compra de granos de café en algunas naciones subdesarrolladas, a cuyos agricultores les otorgan un premio por su calidad. Atrás de todo esto, Starbucks reconoce la importancia de no romper con la sociedad. Será interesante ver qué sucede en el futuro y si logran esquivar la percepción negativa que en algunos casos han acumulado cadenas como McDonald's (marca con un buen sistema inmune, por cierto).

Por el mercado que las construye

Marcas elitistas. Son todas aquellas que se encuentran al caminar por la avenida Masaryk en la Ciudad de México (quizá esta sea la manera más fácil para definir este género de marcas). Sus consumidores necesitan sobresalir para distinguirse, requieren pertenecer a un grupo diferenciado. Estas marcas se basan en sus valores intangibles y aspiracionales. Una prenda cara con una marca elitista se vende porque quien la compra se puede sentir como parte de un grupo social diferenciado. Funcionan como atenuadores del ansia por querer tener. Como el dalai-lāma ha comentado: "la gente desea tener, pero la felicidad más bien está en apreciar lo que tenemos". Estas marcas proporcionan un placer momentáneo a sus consumidores; viven de la aspiración y anhelo por pertenecer; ostentan un precio alto, de lo contrario crean una desconexión con la sensación de premio, de consecución de un logro, de membresía a un club selecto. Las marcas elitistas pertenecen a las marcas-país con un grado alto de elegancia; hay excepciones, como Tane o Julio. Siempre habrá un NSE que aspire más alto y que necesite Armani, Louis Vuitton (con todo y su apariencia de forro interno), hebillas de Ferragamo y demás iconos de exclusividad.

Marcas benefactoras. En un país como México al igual que en Latinoamérica, con un nivel socioeconómico bajo mayoritario, una influencia ancestral politeísta y un presente devoto al catolicismo, surge el fenómeno de las marcas benefactoras, a las cuales he estado tentado por bautizar como mesiánicas y que prefiero dejar con el primer nombre porque en un sentido pragmático y objetivo, qué más da que adquieran matices mesiánicos si realmente contribuyen a beneficiar a la gente más desfavorecida. Me refiero a los singulares casos de las Farmacias Similares con su icono popular del doctor Simi, Omnilife y AMLO, cuyas siglas también fueron una marca en tiempos electorales. Si las analizamos con detenimiento, las tres marcas coinciden en los siguientes factores:

a) Saben cómo hablarle a estos mercados, aprovechan la necesidad de bienestar de los NSE bajos y medio-bajos, y les aportan beneficios tangibles:

- Doctor Simi: medicinas y atención médica económica.
- Omnilife: nutrición, salud y un ingreso extra al empleo, mediante el modelo de multinivel.
- AMLO: beneficios sociales tangibles como la pensión a adultos mayores y seguro popular.

b) Los tres casos son más una marca-persona que una marca comercial, porque sus líderes se han hecho célebres. Los tres tienen una personalidad benefactora (por supuesto con objetivos, legitimidades y valores muy diferentes). Además de los beneficios tangibles arriba mencionados, estas marcas se han construido, entre otras cosas, por el contacto directo de los personajes con su audiencia en eventos masivos, donde se crea un gran efecto contagiante de halo, conocido por líderes políticos y religiosos desde hace mucho tiempo:

- Doctor Simi, Víctor González Torres.
- Omnilife, Jorge Vergara.
- AMLO, Andrés Manuel López Obrador.

Marcas retro. Se trata de aquellas marcas que ya han vivido sus mejores días hace algunas décadas y que, en la mayoría de los casos, perdieron su valor porque el consumidor las usó o consumió como moda. Después de muchos años de descanso, existe un fenómeno de reactivación que suele ser súbito y provocado por algún movimiento de contracultura o espontáneo, y dichas marcas renacen una vez más. Ejemplos de este grupo son los tradicionales cigarros Faros, las playeras Chemise Lacoste, los pantalones Levi's, los zapatos Hush Puppies y los tenis Puma y Adidas, entre otros.

Marcas *cool*. Este vocablo del inglés no tiene una traducción directa al castellano, se trata de un calificativo que define las actitudes, objetos, personas, cosas y, por supuesto, marcas, como frescas, diferenciadas, creativas y un poco irreverentes. Una marca *cool* es aquella con la cual los jóvenes, principalmente, se identifican. No se me ocurre un mejor ejemplo que Apple. La mayoría de los aficionados a esta marca de computadoras y reproductores digitales de música se identifican con ella por ser distinta, tener una imagen diferenciada y fresca. Estas marcas tienen valores intangibles o emocionales mucho más fuertes que los tangibles o funcionales. Nike y Puma son otros buenos ejemplos. De las marcas mexicanas, Corona es una marca *cool*, pero más bien en otros países.

Por naturaleza, los adolescentes y jóvenes intentan romper el cordón umbilical de su casa, por lo que buscan una diferenciación en sus patrones de compra. No en vano Coca-Cola sigue añadiendo razones para que sus consumidores encuentren nuevas motivaciones para beber su refresco. Sus campañas dirigidas a jóvenes suelen ser frescas, con una imagen *cool*. Esta estrategia fue utilizada primero por Pepsi con el uso de artistas de moda entre los jóvenes. El desodorante Axe es otro ejemplo de una marca que busca ser *cool*.

La recomendación de boca en boca y la opinión de los amigos suelen ser los detonadores más poderosos de la conceptualización de una marca como *cool*, no tanto su publicidad.

Marcas icono. Se trata de las marcas que han transgredido los límites para convertirse en símbolos culturales. La cerveza Corona es un buen ejemplo de una marca que se ha transformado en un icono, quizá más aún en Estados Unidos que en México. El fenómeno de su construcción como una marca icono se gestó a mediados de los años ochenta, con las parvadas de *spring breakers* que llegaban a nuestras costas y tenían una cobertura mediática considerable y aderezada con concursos de *wet t-shirt*, bailes sugestivos y mucha cerveza, todo un fenómeno de cultura hedonista. Además su botella evoca una estética distintiva, con mucha claridad y transparencia, la idea de tomarla con limón la convertía en una cerveza fresca, ideal para la playa. Así, poco a poco se transformaría en un símbolo de relajamiento, de diversión, en una marca icono. Otro par de ejemplos, aunque no mexicanos, que se han convertido en símbolos o iconos culturales son Harley-Davidson con su representación de rebeldía y fiel asociación, y Apple con su imagen *cool* para gente que piensa diferente.

Marcas involuntarias. En éstas sus constructores no advirtieron que estaban creando una marca. Le aseguro que el subcomandante Marcos no tenía dentro de sus propósitos que su mítica imagen formara parte de calcomanías, playeras, llaveros y demás artículos que se venden en el país. Menos el Ché Guevara. En los casos anteriores, algunas personas pueden identificarse con estos símbolos, porque comparten su ideología y rebeldía, o para sentirse parte de una contracultura, sin entender bien la causa. Dicho sea de paso, el EZLN había logrado un buen manejo de branding con base en las relaciones públicas, a través de sus caravanas por el país, sus comunicados y una identidad muy clara y dirigida de sus ideas. Luego la marca fue sobreexpuesta restando algo del mito. El mismo subcomandante Marcos, como marca-personaje tiene valores tangibles de imagen como su pasamontañas, pipa, doble reloj, boina, etc., y valores intangibles como los ideales que representa. Es sin duda una buena ejecución, quizá involuntaria, de un icono revolucionario que el pueblo puede adoptar como suyo. En su identidad se cargan además valores que provienen de las actividades que el EZLN propone.

Completamente en otro extremo del espectro, si usted visita la tienda de recuerdos de la Virgen de Schoenstatt en Querétaro y, recientemente, en Monterrey, advertirá que en su venta hay un componente de fe y otro comercial. No creo que las madres alemanas, hermanas de María, tuvieran dentro de sus propósitos crear una marca religiosa, pero lo han hecho. La tienda tiene docenas de artículos que se venden como pan caliente, después de que los visitantes acuden a su santuario. El subcomandante Marcos, el EZLN, el Ché Guevara (también icono de la barra 51 del Atlas) y la Virgen de Schoenstatt, pueden ser ejemplos de marcas involuntarias.

Marcas desafiantes. Las marcas de este tipo (*breakaway brands*) son atrevidas, desafían lo establecido a través de características únicas, excepcionalmente diferenciadas. Logran distinguirse del promedio al tener una historia relevante que contar, que se posiciona en la mente del consumidor. Crean un sitio aparte dentro de una categoría.

Un prototipo en Latinoamérica de este género es Big Cola. ¿Quién hubiese pensado que una empresa de Perú (sin menospreciar en lo más mínimo a nuestros hermanos peruanos) podría arrancarle un pedazo al poderoso mercado de las colas estadounidenses? Su propuesta de marca es sencilla al enfocarse en un atributo único y relevante para el consumidor de nuestra América Latina: precio y tamaño gigante, una buena ecuación de valor; desafiante porque "se metieron a las patadas con Sansón", logrando distinguirse en el mundo de las bebidas. Quizá Big Cola no pueda crecer más allá de los límites de la categoría, pero ésta es lo bastante grande como para que un pequeño porcentaje de participación sea muy atractivo.

Francis Kelly y Barry Silverstein, en su libro *The Breakaway Brand*, aciertan al decir que "las marcas exitosas no son simplemente casos grandiosos de mercadotecnia, más bien suelen ser casos grandiosos de negocios". Yo agregaría: de asociaciones, de políticos y de personas. Afirman también que son muy pocas las marcas que sobresalen en un mar de nombres que se copian entre sí, respetando la regla de Pareto del 80/20. Citan entre ellas a Absolute, Dell, Apple, Starbucks, Nike, Altoids (mentas de sabor intenso), Target (almacenes con diseño y precios bajos) y Silk (leche de soya).

En México también hay marcas desafiantes como Bon Ice, Omnilife, Nice (joyería multinivel), doctor Simi, por sus innovadores sistemas de comercialización o creatividad; Corona, por su gran internacionalización; en menor tamaño Distroller (medallitas de vírgenes para niñas fresas) por su extraordinaria creatividad y Black Coffee Gallery por su combinación de café mexicano y pinturas. En Argentina la marca Ser de Danone ofrece una gran variedad de productos alimenticios con su esencia en la salud, desde los locales alfajores hasta leche, refrescos, flan y postres, galletas, leche, yoghurt, etc. Es una marca desafiante, sobresale de la mayoría. Una frase sola hace muy valioso el libro de Francis Kelly y Barry Silverstein: hoy día lo seguro es riesgoso, o dicho de otra manera, el mundo es de los aventados.

Marcas energizantes. Sirven para mejorar la situación de otra marca o categoría. También se les denomina bala de plata. La categoría de vodkas se vio revitalizada en México con el éxito de Absolut y su imagen minimalista. Absolut fue una bala de plata para esa categoría. Cuando los deportistas mexicanos tienen un buen desempeño en alguna competencia internacional, la percepción de México (marca-país) puede mejorar. Tales fueron los casos de Ana Guevara y Lorena Ochoa y, hasta el momento de escribir este libro, el del Chicharito Hernández. También de otros futbolistas mexicanos que finalmente se decidieron a salir de su país y están triunfando, gracias a la mecha de confianza que prendió hace años Menotti. Todos estos deportistas son balas de plata o marcas energizantes para nuestra marca-país. Lorena Ochoa fue también bala de plata para el deporte del golf en México. Este deporte elitista y con valores intangibles de búsqueda de estatus creció con la marca de Lorena Ochoa. De la misma forma sucede en otros ámbitos, como el artístico, donde Alondra de la Parra, Salma Hayek, Gael García Bernal, Guillermo del Toro y Alejandro González Iñárritu, entre otros, comienzan a abrir brecha en la escena internacional. ¿Cuántas nuevas figuras se tendrán confianza al ver a estas celebridades triunfar más allá de nuestras fronteras?

Le doy otro crédito a mi amigo José Becker con la siguiente idea: "comencemos en nuestro país a consumir más buen vino de mesa mexicano". Monte Xanic inició la energización de esta subcategoría, han seguido marcas como Miguel, Ensamble, Ícaro, Albarolo, Casa Grande, Ojos Negros, etc., pero aún hay un espacio de mercado enorme por expandirse. Podríamos detonar un gran crecimiento en esta industria si construimos más marcas bala de plata de buen vino hecho en México. Y por qué no..., exportar. Hay niveles socioeconómicos altos en otros países que ya no saben qué hacer con su buen paladar, sedientos de novedades de uva.

Marcas pirata. Viremos 180 grados a otro género de marcas. ¿Usted consideraría a las copias ilegales, marcas? En teoría y legalmente no, pero en la práctica del consumo ocurre que sí. Por ello no pueden dejarse fuera de un libro de branding plural. Como contexto, sepa, amigo lector que la OMA (Organización Mundial de Aduanas) estimó que en 2010 la producción mundial de productos apócrifos alcanza la cifra de 500 000 millones de dólares, y especifica además que 80% tienen como país de procedencia a China.

Permítame explicar un poco con el siguiente caso: una fábrica pequeña manufactura pantalones de mezclilla con una marca X, inventada por sus dueños que la comercializan en el mercado informal. Cada prenda se vende en, digamos, $80.00 y se revende al público en $120.00. Los propietarios deciden infringir la ley, mandan a hacer clandestinamente etiquetas que emulan la marca Armani o Seven (mezclilla de moda) y ahora la venden en $300.00 y con tres veces más de rotación. No voy a profundizar en el penoso tema de la deshonestidad por un lado y de las desigualdades sociales en el otro, que provocan que 70% de los discos que se venden en el país sean piratas, que 60% del software sea copiado, que otro tanto de cartuchos para impresoras sea falso, que ocupemos el deshonroso primer lugar en copias ilegales de libros, y que en 2005 se hayan incautado cerca de 120 millones de productos pirata.

Nuestro tema central se refiere al branding y a la percepción del consumidor, a cómo la batería de la marca que fue cargada por alguien más, luego es aprovechada incorrectamente por otro (empresa organizada o pequeño comerciante) para lucrar.

Siguiendo con el caso de la ropa y artículos, a algunos consumidores les basta comprar en el tianguis una playera falsa de Lacoste, a sabiendas de que se trata de una copia. No les interesa que sea una marca pirata, porque cumple con una aceptación y una renuncia a la vez. Las réplicas en bolsos femeninos son asombrosamente parecidas a los originales de las casas de moda elegantes que usan las señoras de alto nivel socioeconómico, y pueden costar hasta una décima parte de su valor. También sucede con los relojes pirata que emulan marcas elitistas. Es común que los que portan una marca pirata, sí confiesen que no es original, pero suelen decir que está "padre" y que al menos tienen una probadita de lo que se siente usar una marca elitista.

Hay otro tipo de marcas pirata más peligrosas, las antes mencionadas infringen la ley, pero no engañan del todo a los consumidores (lo cual no las justifica); me refiero a aquellas que ponen en riesgo la salud como bebidas y medicinas adulteradas.

ACERCA DE LA ARQUITECTURA DE MARCAS

Se trata de la relación que establecen los diferentes tipos de marcas en una organización. Una empresa puede tener un nombre de marca; sus líneas, otros; sus productos, otros más; e incluso submarcas. Puede buscarse que todas las marcas guarden una similitud gráfica o ciertos rasgos que permitan establecer un nexo entre ellas. Así se construye un grupo de marcas con personalidad propia, pero con un cierto parentesco.

Un marcólogo debe tener muy claro qué valores conllevan cada una de las marcas y qué les interesa promover.

Los tipos de marcas pueden sonar un poco teóricos para usted, pero lo esencial es conocer a qué tipo o tipos pertenece su marca actual, o que está por construir. Aclaro que pueden existir otras clasificaciones, lo importante es reconocer que los tipos de marcas son, en sí, una estrategia. Verlas de ese modo resulta útil, en función de entender de qué son capaces.

Mente, corazón y alma son la casa de las marcas

DE CÓMO HABITAN LAS MARCAS EN LA MENTE DE LOS MEXICANOS

En este capítulo hablaremos de la importancia de la percepción; de los estudios de mercado y su utilidad real para conocer la mente de los consumidores, y su relación con las marcas. Nos adentraremos en cómo establecen un vínculo los consumidores en México en relación con su NSE.

Un concepto que constantemente repito a mis gerentes de marca es el siguiente: las marcas no habitan aquí en nuestras oficinas, ni en los anaqueles, ni en la publicidad, sino en la mente y en el corazón de los consumidores. De hecho pareciera ser que muchas marcas ya no son más propiedad de las empresas, sino de quien las acoge en su mente.

Una marca es lo que el consumidor piensa acerca de un producto o servicio. No lo que la empresa dice que es.

El consumidor es su dueño último, quien le adjudica valores y le confiere un posicionamiento en su mente. Y ese es el espacio que tenemos que conquistar con productos, servicios e ideas que cumplan con los objetivos de los consumidores; que sean una solución y satisfagan deseos, con una buena ecuación de valor. Entonces, en un mundo competitivo, hay que ser proponentes, no reaccionarios. Suena muy obvio para cualquier mercadólogo, marcólogo o publicista; todos sabemos que la palabra clave es *percepción*, pero dentro de las organizaciones se nos olvida continuamente. Solemos perdernos en las discusiones de cómo aproximar mejor el canal, de cómo vencer a la competencia, de que tal o cual comprador no acepta nuestros términos, o en temas como el de sobrevivir el embate de los productos chinos.

¿REALMENTE SIRVEN LOS ESTUDIOS DE MERCADO?

A los mercadólogos más ortodoxos quizá les sorprenda la pregunta, mi respuesta, amigo lector, es a veces sí y a veces no. Si las marcas viven en la mente y el corazón del consumidor, entonces... ¿cómo saber de qué manera habitan ahí? Se considera la idiosincrasia de los diferentes NSE.

Los estudios más comunes para evaluar las marcas siguen siendo los cualitativos, aquellos donde se sesiona para conocer el agrado o desagrado, las percepciones, las ideas profundas. Sergio Zyman ha dicho que esas sesiones sirven más para que los panelistas "coman cacahuates gratis" que para sacar ideas significativas; que son más efectivas para saber la opinión sobre eventos que ya pasaron y son conocidos, y no para adivinar el futuro, menos para decidir sobre el manejo de una marca o concepto nuevos. Muchos de los productos de Apple, por ejemplo, no pasaron por un grupo focal.

Otros mercadólogos reconocidos han agregado que se abusa de la idea de ser guiados por el mercado, que lo que sigue ahora es guiar al mercado. Que hay que efectuar sesiones con expertos en el tema, no con consumidores meta. En pocas palabras, no se vale decir: vamos a dejar que los estudios de mercado digan qué estrategia seguir con mi producto, sólo para resolver una disputa interna o para encubrir el miedo de lanzar una idea. El consumidor es el que menos experiencia tiene sobre cómo crear un producto. Deben ser los expertos en el producto quienes decidan.

Ambas posiciones convergen en que el consumidor opine, pero que le toca a los mercadólogos o marcólogos crear la estrategia, el producto y la marca. Existen algunos más ortodoxos que no tomarían un riesgo sin un estudio sistemático.

> *Los estudios de mercado ayudan a conocer la mente del consumidor, pero no son la panacea en la construcción de marcas. El consumidor opina, el mercadólogo infiere y dirige.*

Un experto en diseño, en publicidad o en branding, según corresponda, podrá aconsejarle qué hacer con su marca, pero será usted quien decida qué dirección darle. Mi experiencia en México como cliente presente a lo largo de veintitantos años en docenas y docenas de grupos focales, es que los panelistas (consumidores) que acuden, suelen ser muy cooperativos para opinar, como buenos latinos, pero no reflejan todas las veces su percepción real. Muchos dirán que el producto por analizar les parece barato y propondrán incluso un precio más alto, mas a la hora de comprar... la influencia del precio es mayor a la estimada en la sesión panel.

Un típico reporte de agencia, al estudiar una marca, puede concluir con una propuesta de su personalidad (similitud de una marca con una persona) al afirmar que la marca se percibe como femenina, elegante, limpia y moderna. Usted puede utilizar esta información para derivar su imagen o tono de comunicación. Sin embargo, si logra obtener ideas claras para reconocer el posicionamiento actual, los beneficios tangibles y los valores intangibles de su marca; así como el lenguaje que usa el consumidor para referirse a su categoría, ya estamos del otro lado. Será usted quien asimile esta información para decidir qué le conviene hacer. En los siguientes puntos le propongo una vacuna para que su dinero no se vaya por la borda en estos estudios:

- Pida varios presupuestos. Asegúrese de la calidad de la ejecución.
- No contrate a la agencia por rimbombante, sino la que mejores referencias tenga, se vale verificarlas.

- Pida un video de cómo trabaja el moderador que conducirá su grupo. Éste debe permitir la expresión de los panelistas, ser respetuoso y lograr sacar ideas valiosas.
- No confunda un estudio cualitativo con uno cuantitativo, el primero le da solamente ideas y directrices, el segundo le presenta información estadística.
- Platique con la agencia sobre los objetivos que busca su estudio, pídales que le confirmen por escrito su consentimiento.
- Invite a un par de personas más de su empresa a las sesiones (atrás de las cámaras); que también tomen nota y opinen.
- Si son sesiones de grupo, que sean entre ocho y 12 personas invitadas.
- Son mejores las pruebas individuales para recabar la percepción sobre empaques, logotipos, etc. Las grupales tienen un efecto de halo. El tiempo de exposición debe ser igual al que el consumidor pasará conviviendo con la marca.
- Exija un trabajo de análisis posterior de parte de la agencia y confróntelo con el suyo. Usted sabe de su producto, servicio o idea. La agencia, de cómo estudiarlo.
- Pregunte cómo van a reclutar a los panelistas, cerciórese de que sea un grupo homogéneo. Diferentes NSE pueden inhibir a sus integrantes.
- Asegúrese que el sonido de la grabación sea bueno. Es útil oír una vez más qué dijeron los panelistas.
- Si comienza sin presupuesto, acuda a una universidad seria, en ocasiones tienen prácticas para que sus alumnos hagan estos trabajos. No escatime en el moderador.
- Lo más importante es que la información que consiga de estos estudios sea eso, solamente información. Usted, o con la ayuda de un experto, debe digerirla y armar el rompecabezas.
- Ninguna prueba de mercado es mejor que un lanzamiento piloto.

Las sesiones de grupo no son las únicas técnicas para evaluar marcas, existen entrevistas a profundidad, triangulares, sesiones de lluvia de ideas y grupos de líderes de opinión, entre otras. En México se puede recurrir a agencias internacionales muy prestigiadas como Millward Brown, Interbrand u otras, de diversos tamaños y presupuestos. Un buen directorio de opciones aparece en la página de Internet de la AMAI (Asociación Mexicana de Agencias de Investigación y Opinión Pública) <http://www.amai.org>.

Para contestar la pregunta inicial sobre si sirven o no los estudios de mercado, le comparto que en ocasiones una sola idea importante paga el costo o el esfuerzo de su realización. En el lanzamiento de la marca de catsup Hunt's, la conclusión final fue que ésta era percibida por el consumidor del centro de México en los NSE A, B y C, como una marca gringa aburrida. Aunque se trataba de un buen producto, con excelente sabor y elaborado con más tomate rojo que algunas otras marcas; eso no era percibido como un atributo relevante para el consumidor, menos aún para anunciarlo. La estrategia publicitaria partió de proponer un uso divertido del producto, de hablarle más al corazón que a la mente; se usó la TV como medio principal con unos anuncios irreverentes dirigidos a los niños.

Finalizo con esta idea para aquellos negocios que comienzan y no tienen presupuesto: el riesgo es parte de la vida de las marcas, si no arriesga, no gana; si siente que tiene una idea ganadora luche por ella con todo el talento y pasión posibles. Si no tiene presupuesto para un estudio de mercado no se preocupe, son muy deseables, pero no vitales; muchas marcas comenzaron pequeñas, sin ellos; después los podrá realizar.

PERCEPCIÓN DE MARCAS CARGADAS DE VALORES

En una sesión de branding, mientras escribía este libro, le presenté a la audiencia un cuadro con dos marcas: de un lado Apple en la forma de su típica manzana plateada, y del otro Relheim (una marca inventada para ese ejercicio), con un logotipo atractivo y modernista. Luego les pregunté a los asistentes: ¿qué les evoca este símbolo de Apple?, las respuestas llegaron al por mayor: tecnología, computadoras, cara, iPod, innovación, diseño, *cool*, creatividad, etc. Sobre Relheim no hubo palabra alguna. La manzana de

Apple tiene una serie de atribuciones y valores cargados; Relheim, ninguna. Apple vive en la mente y el corazón de los consumidores; Relheim no existe en sus mentes porque nadie ha cargado una batería con ese nombre y logotipo. Las mentes reciben cientos de mensajes diarios y van acumulando lo relevante, lo que es importante para esa persona. A un estudiante le llama la publicidad de una iPod, mientras que a un aficionado a las computadoras le interesan los datos innovadores, numéricos.

Los mensajes llegan mediante los sentidos hacia la memoria de corto plazo y se archivan en la de largo plazo. Este archivo es consultado inconscientemente para hacer una compra repetitiva. Las marcas habitan en las mentes, ese es el campo de batalla que hay que conquistar. Hay que enfocarse, ser contundente y perseverante.

EMOCIONES Y RAZONES EN LA PIRÁMIDE DEL SOL

Las marcas tienen ligas racionales y emocionales. Una pluma Bic escribe sin problemas y cuesta poco. En la mente de quien la compra hay una decisión racional, la pluma cumple con su objetivo a un precio accesible, punto. Una pluma Montblanc escribe muy bonito, según el cartucho que se seleccione, además se atornilla con gran precisión, pero más allá de un instrumento de escritura es un símbolo de pertenencia a un grupo para la gente que la compra. Esta decisión proviene más de las emociones y las aspiraciones que de las razones. Quizá estos conceptos no sean nuevos para usted, pero recuerdan los fundamentos para entrar al siguiente tema; poco se ha escrito de qué relación hay entre emociones y razones, y las diferentes clases sociales de nuestro país que conforman una pirámide, donde el Sol no pega parejo.

Parece insensible hablar de que el consumidor mexicano compra por marcas cuando cerca de 60% de nuestros habitantes no ha satisfecho sus necesidades más básicas; sin embargo, la realidad nos indica algo diferente: todos los niveles socioeconómicos tienen acceso a la televisión, acuden a tiendas departamentales y, en porcentaje de su ingreso, gastan más en productos de consumo que los consumidores de los países desarrollados. Podemos inferir entonces que hasta los NSE más bajos conocen y consumen productos por sus marcas. Los datos de la AMAI mencionan los siguientes porcentajes de hogares que poseen un televisor en tierras aztecas, en función de su NSE:

	Porcentaje
AB (alto)	99.5
C+ (medio alto)	99.0
C (medio)	98.8
D+ (medio bajo)	98.4
D (bajo)	95.4
E (marginado)	87.2

Por otro lado, la ANTAD (Asociación Nacional de Tiendas de Autoservicio y Departamentales, A. C.) refiere los porcentajes de personas de cada NSE que acuden a sus tiendas. Lo cual representa un hábito moderno de compra y una relación directa con las marcas de consumo.

	Porcentaje
AB y C+	89
C	75
D	63

Entonces, ¿qué pasa en las mentes de esos diferentes Méxicos?, y ¿de qué manera se relacionan las marcas con la percepción de los diferentes niveles socioeconómicos? Mi respuesta es que cada NSE está ligado de manera diferente con las marcas de acuerdo con sus necesidades. Aunque esas necesidades, deseos y aspiraciones de los mexicanos tienen sus propios matices, en esencia son parecidos a los de otros ciudadanos del mundo; todos tienden a escalar sus necesidades como lo propone el ya legendario modelo de Maslow (1943). Los seres humanos primero buscan satisfacer necesidades básicas o de supervivencia como comer, beber y dormir; cuando estas necesidades fisiológicas son cubiertas buscarán satisfacer otras de seguridad como ingreso, sustento para la familia, acceso a servicios de salud y seguridad moral y psicológica. La tercera etapa es la social, donde los seres humanos buscan las relaciones emocionales como la amistad, las relaciones sexuales, la pertenencia a grupos de religión, política, clubes, familia o pandillas, ya que necesitan sentirse amados. En el cuarto nivel de necesidades aparecen las de estima, como respetarse a sí mismo y a los demás. Si ocurre un desbalance, encontramos en un extremo a las personas con complejo de inferioridad y del otro a la gente esnob. Finalmente, cuando y hasta que todas las necesidades anteriores han sido cubiertas, aparece la necesidad de trascender. Vale la pena aclarar que en el Distrito Federal, Monterrey y frontera Norte hay más tendencia hacia el hedonismo y el esnobismo, mientras que en el resto del país la vida familiar tiene un eje más importante. Las marcas con beneficios tangibles suelen ser consumidas por todos los NSE, mientras que las que cargan más su batería de valores intangibles o emocionales son buscadas por los NSE más altos.

Las marcas, en relación con los diferentes NSE, corresponden a los productos que pueden consumirse en cada segmento. Las de consumo como Bimbo, Coca-Cola, La Costeña, Dove, Palmolive, Nido, Choco Milk, Nivea, Naturella, Jumex, Yakult y demás, viven en la mente de pobres y ricos. Por ello, el mercado de bienes de consumo de México es tan apetitoso para las empresas transnacionales como Nestlé, Unilever, P&G, Colgate, Kellogg's, entre otras. El tamaño del mercado en México puede ser, incluso, superior al de algunos países europeos.

La necesidad de pertenencia y diferenciación, sobre todo en la Ciudad de México, es muy fuerte. En los NSE altos y medio altos hay una dinámica frívola y constante en mujeres y hombres por sobresalir. Las marcas elitistas son el pase de entrada para lograr esta diferenciación en una sociedad clasista. En la mente de los diferentes NSE viven las marcas y el anhelo de sobresalir y hacerlas suyas.

Todos quieren pertenecer a algo más grande. Las empleadas domésticas que llegan de estados como Hidalgo, Oaxaca, Morelos y Veracruz a las ciudades grandes, después de un tiempo se integran y comienzan a vestirse a la moda; los empleados de oficina en la Ciudad de México se ponen corbata y les encanta saludar de besito a las secretarias; los ejecutivos quieren traer iniciales en las camisas, plumas de marca en la bolsa y un mejor auto aunque la casa no corresponda, los directores buscan su privacidad y entretenimiento esquiando en la nieve o visitando *malls* en Miami y San Diego; los hijos de los NSE medios y altos quieren vestir como los jóvenes que ven en Europa o Estados Unidos; los que no están de acuerdo con el *establishment* forman contraculturas, como los anarquistas. Al final de cuentas, todos buscan no estar solos, buscan pertenecer y sentirse identificados con un grupo. Así irán consumiendo marcas con diferentes valores.

La percepción puede ir cambiando conforme los individuos escalan los NSE o cambian sus hábitos por edad o evento en la vida, entonces buscarán más marcas que les dan la bienvenida al nuevo grupo al que pertenecen.

Y usted se preguntará: ¿qué tiene que ver todo este asunto con la construcción de mi marca? Es clave saber a quién me dirijo con mi marca, qué valores es capaz de percibir cada individuo en ella.

LA PERCEPCIÓN DE LOS MEXICANOS

Percepción es la representación mental de las cosas y las personas. Cada cultura tiene una percepción diferente sobre las marcas, los colores, las imágenes... Le recuerdo, además, que en el tema de las marcas la percepción es más fuerte que la realidad. El tequila de mayor venta no es necesariamente el mejor, sino el primero en posicionarse con un atributo relevante en la mente del consumidor.

En París se celebra cada cuatro años el SIAL, una exposición de productos alimentarios, donde se puede caminar por los pasillos como si fuera un supermercado de todas las naciones del mundo. Los productos reflejan la esencia de cada país, sus empaques proyectan una concepción de colores, símbolos e imágenes. Los ingleses suelen ser sobrios y de colores más bien discretos; los chinos todavía son un poco *naive* pues emulan la otrora baja competencia de los países comunistas; los franceses usan más los envases de vidrio y etiquetas con letras elegantes y narcisistas; los estadounidenses mantienen a la lata como un icono, usan también con frecuencia el cartón, sus diseños reflejan practicidad y sensación, suelen tener plecas bien definidas que venden los atributos no visibles del producto; los japoneses se caracterizan por su sencillez y sutileza, con gráficos orientales y tecnologías nuevas y sorprendentes, ¿y a los mexicanos?, por lo general nos gustan los colores más llamativos, las letras cálidas, las fotos apetitosas, los perfiles caseros y naturales.

Nosotros tenemos una herencia cultural y social fuerte que nos rige. Nuestra percepción de las marcas es influida por la relación de la categoría de productos y su relación con la marca-país. En chiles jalapeños preferimos una marca nacionalista que exprese su identidad gráfica en congruencia con su promesa de marca. No así cuando se trata de comprar un producto tecnológico, por ejemplo un X-Box, ahí esperamos ver gráficos vanguardistas y globales.

> *No sólo culturalmente sino socialmente, las personas varían su percepción. En México, si su producto o servicio va dirigido a un segmento bajo: el empaque, tienda y servicio deben tener un buen grado de accesibilidad.*

En los años noventa, cuando Aurrerá abrió una tienda con un formato vanguardista en una zona de NSE bajo, en Tonalá, Jalisco, los consumidores no acudieron como se tenía pensado; la tienda intimidaba a ese segmento, tuvo que pasarse al formato de bodegas para que aumentara la concurrencia. Esa lección la conocen ya muy bien los autoservicios que se lanzan a la conquista de poblaciones medianas y rurales, con submarcas como Mi Bodega Express de Walmart y Mercado Soriana. También Sport City de Martí está desarrollando submarcas para segmentos más bajos, como Sport

City Entrena, que desea posicionarse en formatos de gimnasios más accesibles en costo. MVS, en asociación con una empresa extranjera, ofrece desde 2008 la televisión vía satélite al alcance de los NSE bajos con su marca Dish, por un costo básico de $149.00 al mes, aparecen esos pequeños platillos voladores rojos en las casas más humildes del país. La calidad de imagen rivaliza con la elitista SKY.

Las tiendas Elektra son otro buen ejemplo de una marca enfocada a los NSE bajos, son populares y congruentes con su mercado meta. En un país donde 60% de la población no tiene acceso al crédito, la estrategia de abonos pequeños y la fisonomía de las tiendas es la adecuada. Uno tiene que ser muy respetuoso en la manera de dirigir su marca a cada segmento, con el cuidado de no herir susceptibilidades, sino ofrecer un producto un punto arriba de lo que espera el consumidor; basta un pequeño detalle en el empaque, un tipo de letra o color para hacer un viraje en la percepción del consumidor. Bimbo agregó a algunos de sus panes dulces una tipografía con colores metálicos y la moda de las tintas mate. La imagen es la de un producto con mayor valor agregado; están en el límite de afectar la accesibilidad, sin embargo lo hicieron bien.

Las tiendas de moda (con una creatividad sorprendente) entre las adolescentes de NSE A y B en la Ciudad de México son Distroller, donde se venden medallas, vírgenes, cuadernos, veladoras, cajitas, portarretratos, mesas, relojes y muchos productos más, con colores alegres y una combinación de materiales tradicionales y novedosos. Tienen un mantra de marca basado en el México femenino, fresa y capitalino. Una línea de productos así, con una marca-ciudad tan distintiva (D. F.), donde el lenguaje e idiosincrasia son típicos de los NSE altos capitalinos, sólo puede provenir de la percepción creativa de un mexicano. Este tipo de oportunidades no las podría crear una gran transnacional. Este es un ejemplo escaso de cómo defenderse con ingenio contra las marcas globales. Un caso lleno de la originalidad y talento creativo de sus dueñas sobre cómo aprovechar los nichos que se pueden satisfacer con un conocimiento de la percepción del mercado local. Una idea tan bien ejecutada como ésta no pudo venir de ningún estudio de mercado. Es preciso decir que una marca como Distroller se ha desenfocado de su posicionamiento original y, debido a la dependencia de su temática en una moda, tiende a debilitarse.

Recuerde que la percepción es más importante que la realidad en el desarrollo de la marca; que son las mentes y los corazones donde viven las marcas y que su percepción varía según los diferentes NSE de nuestro país, de acuerdo con sus necesidades dentro de una pirámide social; que además hay factores culturales y de nacionalidad que hacen que las personas tengan percepciones diferentes. ¡Hagamos marcas que tengan una definición clara para que el consumidor las pueda percibir sin problema!

¿De qué se compone una marca?

CONOCER LA MARCA PARA POSICIONARLA Y CONSTRUIRLA CON ÉXITO

Después de entender cómo habitan las marcas en la mente, ahora veremos de qué se componen las marcas, así podrá usted atinar en cómo construir o revitalizar la suya. Me refiero a lo que algunos autores han llamado *decodificar la marca*. Se trata de un ejercicio que nos permitirá ahorrar muchos recursos y aumentará la posibilidad de que una marca triunfe en el mercado.

Se gastan millones y millones de pesos en desarrollo y comunicación de productos y marcas inútilmente. Se desperdician miles y miles de horas-hombre en ejecutar estrategias que no funcionan, que no acumulan energía a ninguna batería. El desconocimiento de los componentes de una marca y de su construcción suelen ser los villanos principales.

COMPONENTES DE UNA MARCA

Las marcas son un juego de asociaciones relacionadas con un nombre o símbolo, que sirven para diferenciar, para distinguirse, y que se engloban en un concepto. Primero revisaremos las partes más obvias de una marca: nombre, logotipo, imagen e identidad; para luego descubrir otros componentes menos visibles, como beneficios, valores, esencia y mantra. En cada caso veremos ejemplos que nos ayuden a entender la aplicación de estos conceptos y recomendaré algunas ideas para fortalecer cada parte de la marca.

Algunos elementos de la marca también funcionan como un vehículo de comunicación con valor propio; un buen nombre, un logotipo, además de construir, comunican. De la misma manera un buen comercial puede convertirse en un elemento de la marca, aunque su propósito inicial fuese vender algún beneficio o lograr un posicionamiento.

Los nombres de las marcas (*naming*)

Se trata del componente de la marca que se expresa mediante letras, palabras y números hablados. Al proceso de asignación de un nombre a la marca se le ha llamado *naming*, en inglés. Proponemos la traducción como el nombramiento de las marcas. Este es un elemento clave en la comunicación de una marca, ya que si se escoge adecuadamente, favorece su posicionamiento y recordación; si por el contrario no se pone suficiente esmero, el nombramiento puede perjudicar la construcción de la marca. Un buen nombre carga batería, un mal nombre descarga.

La marca Vitalinea (sin acento) de yoghurt es el ejemplo de un nombre afortunado. Uno puede escuchar a alguien decir: "tráete un Vitalinea". Junto con el diseño de su empaque, refleja dos atributos del producto: vida y que ayuda a mantener la línea por su bajo contenido calórico. La legendaria marca de líquido de limpieza Pinol también tiene un gran activo en su nombre. Aparte de haber sido la primera y mejor marca en posicionarse en su categoría, define claramente su atributo principal, hace referencia a una percepción positiva de limpieza en relación con su frescura en el aroma y aceite de un pino. Entre cientos de ejemplos Telcel, Kleen Bebé, Rotoplas, Televisa, *La Jornada*, Estafeta, Camino Real, por citar algunos, son buenos nombramientos. Si usted las analiza, todas estas palabras son distintivas, cortas, fáciles de recordar, reflejan atributos del producto y refuerzan su imagen.

En sentido opuesto encontramos marcas como Unidad de Patología Clínica, que además de largo es muy difícil de memorizarse, y genérico; los clientes que acuden a este laboratorio en Guadalajara prefieren llamarle "el de Avenida México". La Unidad de Patología Clínica tiene un servicio excelente, por lo cual posee una alta lealtad de sus usuarios, pero los doctores Santoscoy han perdido muchos años en crear un nombre claro y definido que cargue más su batería. Cuando uno no define bien su nombre, el consumidor se encargará de apodarlo. Un buen nombre para servicios médicos fue el de Humana, que luego cambió su marca por Hospital Ángeles. En 2006 abrió otro hospital con una gran inversión en Guadalajara, su nombre principal es Hospital de Especialidades Médicas; evidentemente le hace falta un mejor trabajo de nombramiento a este negocio.

Todavía hay muchas empresas que se hacen llamar: "Distribuidora de Insumos y Herramientas del Golfo", "Comercializadora Especializada de Occidente", "Industrias Selectas y Aplicaciones para la Industria"; pierden la oportunidad de un buen nombramiento que les permita acumular energía en su marca. Los clientes acaban diciéndoles "la del señor pelón", "la que está en Tijuana", etc. ¡Qué desperdicio!

El componente de un buen nombramiento es muy importante, pero claro que no lo es todo; hay muchas marcas con malos nombres que han triunfado cargando su batería por ser la primera y más fuerte en la categoría, por tener una estrategia de negocios atinada, por tener un buen producto o servicio que genera una experiencia positiva de prueba hacia el consumidor, y demás factores clave.

Bachoco, una exitosa marca de huevos y productos avícolas, se distinguió desde los años noventa por su propuesta innovadora de anuncios espectaculares a cargo de la agencia Terán TWBA. El nombre de Bachoco no es muy asertivo para una línea de huevos y pollos, más bien se entiende como una marca de leche con chocolate, pocos saben que se trata de una población en Sonora, pero la marca es líder en el mercado. El nombre ha servido porque es fácil de recordar, aunque no sustenta los atributos principales del producto.

Hay marcas que reflejan valores intangibles de los productos; por ejemplo, Cazadores, se trata de un sinónimo aparente de masculinidad, al ser el tequila una bebida preponderantemente masculina, establece una conexión emocional inmediata entre el nombramiento y el consumidor. No creo que este naming haya sido a propósito, pero tuvieron buena suerte en dar con él.

Los seres humanos somos seres complejos, portamos en nuestra mente diferentes tipos de información y experiencias acumuladas a lo largo de nuestra vida que nos hacen percibir de distinta manera los nombres. Los buenos suelen conectar con la mayoría de las personas. A todo el mundo le parece gracioso el nombre Pelón Pelo Rico, y todo el mundo se lo ha grabado. El subcomandante Marcos (marca involuntaria) es buen nombre para un revolucionario. Cirque du Soleil es, aun en la percepción de los hispanoparlantes, un muy buen nombramiento para una excelente marca de circo. Submarinos Marinela es una legendaria, práctica y recordable marca de los pastelillos con esa forma.

Nuestros vecinos al norte tienen agencias especializadas como Master-McNeil Inc., que se dedican al nombramiento de las marcas y para lo cual hasta han patentado un proceso. En México, las agencias de publicidad o branding se encargan de esta tarea profesionalmente, aunque la mayoría de las veces el nombramiento lo hace el dueño y es arbitrario, sobre todo en las Pymes.

Nuestra percepción como mexicanos es diferente de la de otros lenguajes y culturas. En el inglés es fácil hacer contracciones de dos palabras para crear otra; por ejemplo, Spam (marca de jamón enlatado) proviene de *spicy ham*. Casos similares son muy comunes en empresas de tecnología como Microsoft, Intel, Nextel, etc. En español el partir y unir palabras es también viable, aunque cuesta un poco más de trabajo. Pueden conseguirse muy buenos nombramientos si se toman en cuenta algunos factores que mencionaremos más adelante.

Durante el año 2005 trabajé junto con Al y Laura Ries, además de estrategias, en la creación de un nombre para unos nuevos frijoles refritos en bolsa al vacío. El experimento fue muy interesante. Concluimos que debería buscarse un nombre que incluyera el atributo principal y no visible: el sabor y la novedad de la bolsa al vacío. No lo logramos en una sesión, así que nos asesoramos con el lingüista jalisciense Dante Medina, para que nos ayudara, él, al terminar su trabajo, concluyó que las palabras en castellano a lo más que llegaban era a "sabrolsa", nada carismático, coincidimos, entonces optamos por un nombre poco usado, y que incluía sílabas referidas a la cocina y el sabor, así nació Isadora. En 2010 volvimos a juntarnos para validar la marca desde la percepción anglosajona. Al Ries encontró que además de carismático el nombre también tenía el significado de "Isadorable", válido tanto en inglés como en español. Ahora que la marca es conocida en México, entre los cibernautas y sus blogs hay comentarios que piensan que "es la esposa del dueño", "era una artista", "¿por qué le pusieron así a esos frijoles"?, etc., lo cierto es que el nombre es contundente y recordable, muchos consumidores dicen: compra unos Isadora. Ya es una marca.

Todos los nombramientos tienen una historia, sea un nombre consciente y alusivo, como Nutrioli, o uno más bien proyectivo, como cuando el dueño le pone su nombre a la marca. Ocurre desde un carrito de tacos hasta un gran emporio y en todos lados del mundo.

Los nombramientos, además de ser un componente clave en la marca, representan una estrategia en sí y definen mucho de su drama. Sucede tal como en la literatura: existen autores que dicen mucho con un solo nombre.

Algunos de mis favoritos son los que aparecen en los vinos de mesa como Concha y Toro, Casillero del Diablo, Valdivieso, Anakena, Acacia Carneros, Opus One, Vega Sicilia, Carmelo Patti, Liberalia Tres, Caliterra, Petrus, Monte Xanic, Viña de Liceaga, Ícaro; entre miles de marcas, que reflejan el misticismo, carácter, región, creatividad, innovación, tradición y otros tantos valores intangibles de esta categoría en gran crecimiento.

Vale la pena recorrer un proceso para la elección de un buen nombre y darlo a probar mediante una agencia especializada de estudios de mercado o una prueba más empírica. Al final, no se deja la opción al consumidor, él opina y uno decide. Si en el caso de los frijoles Isadora hubiéramos hecho caso a lo que los grupos focales arrojaron, el nombre sería algo así como "practi-bolsa"; demasiado genérico, muy olvidable y confundible. Los nombramientos deben ser ejecutados por gente que conoce del mercado al que va dirigido, pero requieren también una dosis de inspiración artística o literaria.

No puedo dejar fuera de este libro el caso del restaurante tapatío I Latina el cual ofrece una excelente comida vanguardista con notas mexicanas (primero producto, luego marca) en un ambiente de contracultura (marca *cool* y desafiante), pero además "L-atinó" con el nombramiento. Es un nombre sugestivo, carismático, con el cual sus consumidores, *yuppies* tapatíos, se identifican. Por si fuera poco el acierto, a mediados de 2006 abrieron una segunda versión del restaurante, al cual nombraron Anita Lí, es decir I Latina al revés. A ambos restaurantes les va bien por la comida deliciosa que ofrecen y por su ambiente innovador, pero el nombramiento contribuye como un elemento contundente para la marca que han creado.

Recomendaciones para un buen nombramiento

Aunque en esto no hay reglas, a continuación les presento algunas recomendaciones para un buen nombre:

- Corto. Los nombres largos son difíciles de aprender.
- Fácil de pronunciar.
- Distintivo, ¿su marca se diferencia de las demás?
- Descriptible. Es mejor que la marca describa al producto, exprese alguno de sus atributos o beneficios y, aun mejor, de la categoría. Ejemplos: Aeroméxico, Curita, Nextel, Palm, Dolac, Sedal.
- Fácil de recordar y carismático. Ejemplo: Bimbo.
- Rítmicos, como Cruji-Nola, Coca-Cola.
- Sin nombres genéricos y transparentes. Ejemplos no favorables: Instant-Lunch (que se conoce más por Maruchan), Bolsi-Pack, Limpia-Fácil, Multi-Pack (marca de mensajería).
- Sin siglas porque normalmente son complicadas y confusas, por ejemplo: TMM, TXM, RCT, MVS.

- Libre de palabras con connotaciones negativas. Ejemplos de marcas no muy afortunadas: El grano verde, La granja (mucha gente la percibe como sucia), Copro, Corina y Míale.
- Aplicable en otros idiomas. Busque los significados de su marca en otras lenguas, nunca sabe cuándo podría comenzar a exportar. Hay muchos casos documentados de errores, como un automóvil que se vendió en México en los años setenta con el nombre de Nova. En Dinamarca unas farmacias se llaman Muerte.
- Logotipable. Pruebe cómo se ve su nombre con diferentes tipos de logotipos, hay letras más estéticas que otras.
- Registrable (es lo primero). No olvide verificar ante el IMPI o con alguna firma de abogados de marcas si el nombre tiene posibilidades de ser registrado. Cada día es un poco más difícil encontrar buenos nombres que no hayan sido usados.

Si tiene el presupuesto, use servicios profesionales para crear una marca, no escatime en contratar una agencia seria de publicidad, o un buen *free lance* para que le ayude con esta tarea.

Se puede escribir todo un libro sobre el arte del nombramiento y su importancia como componente de una marca.

Logotipos e identidad gráfica

Un logotipo es una interpretación gráfica de una marca, así de sencillo. Puede componerse de letras, dibujos y colores. Nada nuevo en estos conceptos, lo que me interesa proponerle es que reconozca a su logotipo como la forma gráfica que tiene su batería. En esa tipografía, formas, colorido y demás componentes visuales se irá anclando todo lo que usted haga bien o haga mal con su producto. Esta sería una definición funcional del logotipo: se trata de que éste active la memoria de largo plazo del consumidor con valores positivos y claros.

Hay otra definición que complementa el uso de un logotipo: el de la estética misma. La identidad de una marca se ve reflejada en la imagen de su logotipo. Pensemos un instante en Ariel, la famosa marca de detergente, las elípticas que dan vuelta al texto proporcionan una expresión muy clara de un producto activo, potente y dinámico; los gráficos armonizan con el posicionamiento buscado.

Las buenas agencias de diseño gráfico y branding, como Helix, son expertas en desarrollar la imagen de una marca e identificar cómo una personalidad se puede reflejar desde la misma tipografía que se decide usar en el logotipo. Por favor, si va a crear un logotipo nuevo, sea para una nueva marca o para revitalizar una ya existente, no escatime en contratar los servicios profesionales de una buena agencia de diseño.

Beneficios y valores

Mencioné antes que una marca se convierte en tal cuando el consumidor la reconoce y compra repetitivamente, que funciona como una batería que se carga de energía, y puede durar muchos años mientras siga abonando razones de compra al consumidor.

Un beneficio es lo que el consumidor obtiene a partir de un atributo del producto. Un valor es una característica apreciada por el consumidor.

Los valores y beneficios son resultado de la energía que hemos cargado en las marcas y son componentes clave en su construcción. Éstos pueden ser tangibles o intangibles, es decir, concretos o abstractos.

Beneficios tangibles o racionales

Son las características concretas, reales, que el consumidor percibe racionalmente en una marca y que están relacionadas con el desempeño del producto o sus beneficios; por ejemplo, el aceite comestible en aerosol PAM tiene como uno de sus beneficios tangibles el que cuando se aplica en los alimentos no añade las grasas de un aceite común. En los vuelos de Aeroméxico se percibe el valor palpable de un mejor servicio a bordo que en los de American o Delta Airlines (se hace más notable aún hacia nuestros paisanos emigrantes). En un automóvil, los beneficios tangibles tienen que ver con su ahorro en combustible, aceleración, espacio interior, etcétera.

En síntesis, los beneficios tangibles o racionales se refieren a cómo funcionan los productos o servicios y cómo los percibe el consumidor.

Valores intangibles o emocionales

Son características más abstractas que ayudan a que el consumidor establezca una conexión emocional con la marca. En el ejemplo de PAM, una ama de casa podría sentirse moderna al usar el aceite en aerosol. En otro caso, los jóvenes pagan más por unos tenis Puma, no porque les ayuden a correr más rápido o sean más cómodos (beneficios tangibles), sino porque les hacen sentirse parte de un grupo de moda con una actitud propia y diferenciada hacia la vida. En el ejemplo de los automóviles, los valores intangibles se manifiestan más en función de cómo se siente el conductor con X auto, a qué grupo le gusta pertenecer y qué desea proyectar.

En síntesis, los valores intangibles o emocionales tienen que ver con cómo se siente el consumidor con el producto o servicio.

México, ¿racional o emocional?

Una marca puede inclinarse más hacia la razón o hacia las emociones. En la marca Aspirina de Bayer pesan más los beneficios tangibles: ayuda a eliminar el dolor de cabeza, punto. En el extremo opuesto: una pluma Montblanc se adquiere más por sus valores intangibles, claro también escriben bonito, pero le aseguro que aunque sus usuarios no lo confiesen, la usan más para sentirse parte de un grupo social. De la misma manera que muchas personas juegan golf por sentirse parte de un grupo selecto y no para mantener su corazón latiendo, beneficio tangible que no pertenece a este deporte.

En un país como México, dividido en varias clases sociales, los segmentos bajos tenderán a adquirir marcas con su balanza cargada hacia los beneficios tangibles

Los segmentos altos, además de comprar marcas con beneficios tangibles en productos o servicios básicos, querrán sentirse parte de un grupo diferenciado y adquirirán también marcas que se cargan hacia los valores intangibles, siguiendo fielmente los principios de la pirámide de Maslow.

Veamos el caso de los equipos de futbol. Son una de las primeras afiliaciones que existen para sentirse parte de un grupo más grande. Se trata de un acto emocional. Si uno fuera totalmente racional, le iría al equipo que siempre gana, no a aquel con el que se siente identificado desde niño. Los equipos de futbol son marcas emocionales. No habría otra manera de explicar que mis hijos le vayan al Atlas y yo, al Atlante; ambos dan tumbos constantes en sus resultados.

La publicidad y las relaciones públicas pueden utilizarse para cargar nuestra batería con ambos: beneficios tangibles y valores intangibles. Usted le puede hablar a la mente o al corazón (o hasta al alma). La publicidad se basa más en beneficios tangibles cuando éstos son relevantes para el consumidor, como en el caso de un detergente que asegura quitar mejor las manchas, o un infocomercial que le promete bajar de talla si usa su aparato para hacer ejercicio. Por otro lado, una ejecución publicitaria enfocada a las emociones se usa cuando no hay suficientes beneficios tangibles relevantes o cuando éstos han sido ya anunciados y se necesita revitalizar la campaña. Un caso reciente es la publicidad de "piensa positivo" de Coca-Cola; otro más el del muy conocido eslogan de "soy totalmente Palacio", de Terán TWBA. Ambas campañas le hablan al corazón.

Valores generales

Son las características que comparten todas las marcas dentro de una misma categoría. PAM (de nuevo) pertenece a la categoría de aceites porque es un líquido denso que sirve para que no se peguen los alimentos. Con ese beneficio es equiparable a los otros aceites comestibles, conlleva los valores generales de la categoría de aceites.

Valores específicos

Son aquellas características que diferencian a una marca de las demás en una misma categoría. Los valores específicos de PAM son que viene en forma de aerosol y que es bajo en calorías. Estos valores, cuando son realmente importantes para el consumidor, se convierten en un arma poderosa (estrategia) para posicionar una marca.

Personalidad de marca

Las marcas tienen asociaciones humanas que definen su personalidad. Se puede encontrar una marca recia, campirana o trabajadora, que a su vez hace empatía con personas que son poco refinadas y viven de una manera sencilla y realista. Las Pick-Up Ford y los zapatos Flexi son un par de buenos ejemplos. Por otro lado, una mujer que es elegante, muy femenina y sensual, se identificará con una marca como Victoria's Secret o Chanel.

¿Alguna vez se ha sentido identificado con alguna celebridad, candidato político o persona en particular? ¿Se ha percatado que dicha identificación puede ser un reflejo de su propia personalidad? Así sucede con las marcas, que al final de cuentas son símbolos. Existen rasgos de modernismo, conservadurismo, seguridad, desafío, feminidad, masculinidad, madurez, jovialidad, etcétera.

Casualmente, al escribir este capítulo, una de mis gerentes de marca me presentó un proyecto para revitalizar la imagen de uno de nuestros productos, se trataba de FrutiNola, con la marca de línea o sombrilla Branli. Para ilustrarme la necesidad del cambio, me presentó una fotografía de Carmen Miranda, cantante portuguesa-brasileña que conquistó al público en los años cuarenta con su imagen tropical. Esta artista se colgaba frutas y cualquier cantidad de collares, dijes y plumas. Nuestro empaque está saturado y se ve obsoleto –dijo– también la personalidad de nuestra marca, tenemos que simplificar tanto nuestra promesa como nuestra imagen. De esa manera nuestros consumidores que buscan nutrición, se van a identificar más con nosotros. Así se revitalizó su personalidad, se dio mayor énfasis en la marca Branli, con un logotipo libre y esbelto. La nueva imagen ahora se basa en el color blanco con plecas y logotipo verde, fotografías muy cercanas y, lo más importante, un producto de acuerdo con su nuevo posicionamiento: Amantes de lo Entero, que se refiere a que usamos principalmente granos y cereales enteros y naturales sin conservadores artificiales. En vez de Carmen Miranda, la nueva personalidad se ve como una chica-spa, sin maquillaje, tranquila, en jeans. Y claro, la marca marcha mejor ahora.

Puede detectarse la personalidad de una marca y usarla como una herramienta para alinear su comunicación con el posicionamiento buscado. Si usted descubre los rasgos humanos de su marca, podrá desarrollar mejor el tono de su comunicación en todas las formas: publicidad, promoción, relaciones públicas y empaque. Su esfuerzo por decodificar dicha personalidad es algo así como lograr psicoanalizar su marca; a partir de ahí, usted sabe con lo que cuenta. De este modo le será más fácil pedirle a una agencia externa que le desarrolle una campaña, o mantener una imagen de la misma si tiene alguna vez que cambiar la gente que la maneja.

En 2007 Verde Valle lanzó una nueva campaña de publicidad para sus frijoles Isadora, utilizó en sus comerciales de TV la gran imagen de Biby Gaytán (ex Timbiriche). La personalidad de la marca y la de Biby armonizaban muy bien: mexicanidad, modernidad, ama de casa, sorpresa y belleza. Este es otro ejemplo de cobranding, ambas marcas se beneficiaron. Una buena producción hizo lucir a Biby (marca-persona), artista que ha mantenido una imagen de vida familiar, y su figura benefició a Isadora.

¿Usted cambiaría su personalidad si fuese necesario? Sería difícil hacerlo rápidamente, aunque quisiera; sin embargo, el tiempo y las circunstancias pueden influir. Tal como en el caso de Choco Milk, Carlos V, Mamut y Gansito; chocolates y pastelillos que han puesto a dieta y modernizado a sus personajes, en resonancia con los nuevos tiempos. Los jóvenes que ahora se preocupan por su salud, se identificarán con los citados personajes, más en forma y en una apariencia de acuerdo con sus aspiraciones. La esencia de estas marcas que tienen que ver con sabor a chocolate, diversión, indulgencia y agrado, no se ha modificado, pero la manera en que se presentan ante su consumidor se ha tenido que revitalizar.

David A. Aker define en su libro *Building Strong Brands* que las marcas pueden crear un capital (*brand equity*) mediante tres modelos relacionados con la personalidad:

- **Modelo de autoexpresión.** Proporciona una identidad propia a algunos consumidores, quienes buscan marcas y productos cuyos significados culturales correspondan a las personas que son o quieren ser.
- **Modelo relacional.** Funciona con los diferentes tipos de personalidad. Realista, orientada a la familia y genuina.
- **Modelo de beneficios funcionales.** Sostiene que los atributos de los productos son respaldados por la personalidad detrás de ellos y para ser más efectivos requieren el apoyo de una imagen visual.

AC Nielsen, en México, propone seis grupos excluyentes de hogares con actitudes y características distintas de acuerdo con su capacidad de compra y su juventud o madurez. Los divide en consciente, maduro tradicional, maduro exitoso, *fashion*, abnegado, pragmático y cotidiano. Señala que tienen una demografía, actitud y exposición a medios diferente. Esta clasificación es una buena plataforma para trabajar tanto en segmentación como en la personalidad de las marcas. Si usted tiene interés en profundizar en este tema, le recomiendo que se acerque a la citada firma de investigación de mercados. Si su empresa es pequeña y no tiene los recursos para un estudio formal que le permita meterse a fondo en este tema, no se preocupe, concéntrese en desarrollar su posicionamiento.

Esencia de marca

Se trata de la característica medular o alma de la marca, expresada de una manera sencilla. Es el sello único que está presente en cada experiencia que el consumidor tiene con el producto. Otros autores la definen como la abstracción de una suma de impresiones, tanto de la mercadotecnia como de la experiencia de prueba con el producto.

La esencia de la marca Chivas está en su nacionalismo triunfador, que se ha convertido en una pasión y proviene del uso exclusivo de jugadores mexicanos; de ser el equipo de una ciudad enclave de tradiciones mexicanas; del impacto visual de un uniforme que resalta contra el verde del campo; del naming paradójico de Chivas y de ser el equipo de futbol con más campeonatos en un siglo. La suma de todas estas impresiones que han cargado la batería forma la esencia de la marca Chivas.

Mantra

Este es un término relativamente nuevo en el branding, donde se engloba en pocas palabras la esencia irrefutable, el espíritu del posicionamiento de la marca. El propósito de este concepto es que todos los miembros de la organización y agencias externas que tengan que ver con la marca, entiendan qué representa para los consumidores, de esta manera sabrán cómo alinear sus actividades en torno al mantra. Término abstracto que vale la pena poner en las palabras más sencillas posibles para que sea entendido por los colaboradores a todos los niveles. No se trata de un eslogan sino de palabras clave que engloben el espíritu de la marca. Los ejemplos clásicos que cita Scott Bedbury en su libro *A New Brand World* son Nike, cuyo mantra se encapsula en tres palabras: "desempeño atlético auténtico", quiere decir que sólo caben en su marca productos con esos valores; Nike no podría catalogar unos zapatos tenis semideportivos dentro de su línea, nada que no fuera de alto desempeño. Para ello se hicieron tarjetas que portan todos los trabajadores y que incluyen el mantra, tratando de que lo vivan y lo respiren a diario. El mantra de Disney es: "entretenimiento divertido para la familia". Una película para adultos o un documental político no entran en su espíritu de marca. Por último, Bedbury cita a Starbucks, ejemplo favorito de los mercadólogos hoy día por su gran ejecución de la mercadotecnia sensorial, la cual crea una experiencia de consumo en sus cafeterías. El mantra de Starbucks es: "momentos que valen la pena todos los días". El de Chivas podría ser el nacionalismo triunfador; el de Dupuis un México fino, contemporáneo.

Lo más valioso del uso de un mantra es que permite hacer de su empresa, una orientada a la marca; de la misma manera que en los años ochenta se comenzó a hablar sobre la empresa orientada al mercado. El estudio de las marcas y el manejo del branding son áreas recientes de aplicación para las empresas mexicanas. ¿Se imagina las ventajas de ser de los pioneros en usar estas magníficas herramientas? ¿Puede pensar qué sería de la empresa mediana, maquiladora de ropa, que cité al principio del libro si decidiera orientarse como una empresa de marcas? Lo invito a meditar cuál será el mantra de su marca y trasmitirlo a todos en su organización.

El mantra debe ser el concepto bajo el cual se carga la batería de la marca. Son pocas palabras clave que encapsulan la esencia sobre la cual deben diseñarse los productos o servicios.

Cuando hay varias marcas en una organización, que no comparten la misma esencia, se pueden crear equipos multifuncionales que definan un mantra individual para cada marca. Así se logra el enfoque.

Posicionamiento

DE CÓMO CONSIGUEN LAS MARCAS UN LUGAR EN LA MENTE Y EN LOS CORAZONES

En este capítulo descubriremos cómo el posicionamiento es el eje desde donde las marcas se construyen, y cómo determinarlo.

Es innumerable la cantidad de veces que uno puede escuchar y leer la palabra posicionamiento, usada de modo incorrecto en los medios de comunicación, por políticos, comentaristas y hasta supuestos mercadólogos en México. Algunos suelen decir que tal o cual partido o equipo o producto está bien "posicionado", como queriendo expresar que guardan un buen lugar. Debido a su importancia vamos a aclarar este poderoso concepto de una manera profunda y útil, tanto para los aficionados al término como para los que desean tener éxito con el branding.

POSICIONAMIENTO. EL CORAZÓN DEL ÉXITO DE LAS MARCAS

Aunque ya se ha escrito mucho sobre este tema en los libros de mercadotecnia, vale la pena recordar que este concepto apareció primero en la revista *Advertising Age*, en 1972, acuñado por Al Ries y Jack Trout, quienes posteriormente ampliaron su descripción en el libro *Positioning, The Battle for your Mind*. Hoy día el posicionamiento sigue siendo la estrategia central en el éxito de las marcas.

Ya vimos que el lugar donde viven las marcas no es en las estanterías de las tiendas departamentales, los supermercados, las agencias de autos, las tiendas de deportes, los directorios de servicios o los anuncios publicitarios, entre otros muchos puntos de venta; donde realmente habitan las marcas es en la mente humana, es ahí donde los productos y marcas se posicionan. No hay productos posicionados hasta que el consumidor los acepta y los refiere a un atributo único y distintivo.

Posicionamiento es el espacio que ocupa una marca en la mente y corazón de los consumidores con un concepto definido y diferenciado en un ambiente competido.

Listemos algunas marcas conocidas en México y su posicionamiento, percibido y especulado por este autor en el papel de consumidor, con el único propósito de ilustrar.

Estoy seguro de que la mayoría de estas marcas tienen algún trabajo serio que las sustente.

Bimbo	Pan confiable y fresco
PEMEX	Gasolina de los mexicanos
Nokia	Celulares innovadores
Oxxo	Conveniencia
American Express	Tarjeta con estatus
Tec de Monterrey	Excelencia académica elitista
UNAM	Máxima casa de estudios
ITESO e Ibero	Universidades jesuitas
Urrea	Válvulas y llaves industriales
Helvex	Artículos de baño confiables
Rotoplas	Tinacos de plástico
Comex	Pinturas de México

Quaker	Avena y nutrición
Pulparindo	Dulces de tamarindo
Tehuacán	Agua mineral
Búfalo	Salsa de los capitalinos
Tamazula	Salsa de los tapatíos
Guacamaya	Salsa del Pacífico
Cholula	Salsa picante en Estados Unidos
Bon Ice	Bolis con imagen, en la calle
El Globo	Pan fino del D. F.
Distroller	Medallitas de vírgenes para niñas fresas
Vitalinea	Yoghurt para los que están a dieta
Roma	Detergente popular
Reforma	Mercadotecnia periodística
La Jornada	Periódico de izquierda
Milenio	Pluralidad y formato fácil
Palacio de Hierro	Moda para mujeres elegantes
Martí	Deportes para NSE alto
Suburbia	Ropa para clase media
Walmart※	Precios bajos
HEB	Tiendas anglonorteñas
PAN	Derecha
PRI	Centro
PRD	Izquierda
Slim	Riqueza
Marcos	Anarquismo e indigenismo
Gandhi	Libros y cultura
Larousse	Diccionarios
Jetta	Preferido por los capitalinos
Tsuru	Para taxis y vendedores
Beetle	Chavas fresas y creativos
Mercedes	Para ricos
BMW	Ricos que les gusta manejar
Honda	Costo bajo de mantenimiento
Toyota	Confiabilidad
Herradura	Tequila tradicional
Patrón	Para estadounidenses
Jimador	Opción para jóvenes

Cuervo Tradicional	Se toma frío
Indio	Cerveza de los regios
Dell	Computadoras por venta directa
HP	Computadoras confiables
IBM	Computadoras, negocios grandes
Toshiba	Computadoras portátiles
Chivas	El equipo más popular
América	Estrellas caras
Aeroméxico	Puntualidad y confiabilidad
American	Dallas sin comida
Continental	Houston conexión
KLM	Buen servicio con holandesas güeras
ETN	Transporte terrestre cómodo

No olvide que el consumidor decide su compra con base en la percepción más que en la realidad. Los marcólogos y todos los miembros de una empresa deben saber que una marca bien posicionada es aquella que está clara, definida y diferenciada en la percepción del consumidor. Ninguna marca bien posicionada puede ser muchas cosas a la vez. En un mundo altamente competitivo el que una marca sea diferenciada mediante el poder del enfoque es clave. Una vez que una marca está posicionada, la percepción del consumidor es difícil de transformar; aunque se invierta un gran presupuesto publicitario en ello. Una vez que la mente humana ha referido un valor dominante a una marca es labor de titanes cambiarla. Por eso es tan importante ser el primero en posicionar una marca en una categoría de productos; así, por más que se quisiera pretender, Choco Milk no puede migrar mucho más allá de ser una bebida en polvo de chocolate para niños. El consumidor no creería que sea bueno en otra categoría muy lejana de productos. Preferible ser el mejor y primero en una categoría que abarcar más. Como Jack Trout afirma:

> La mejor manera de penetrar en las mentes de hoy que odian la complejidad y la confusión, consiste en simplificar al máximo su mensaje. Concéntrese en un atributo único, pero poderoso, y diríjalo

a las mentes. Elimine todo lo que los demás puedan reclamar al igual que usted.

En la enorme cantidad de mensajes que recibimos la mente tiene que ser selectiva, encontrar razones para confiar, y asociar cualidades bien definidas a cada marca. Maruchan se posicionó como la marca de pasta en vaso y se adueñó del nombre de la categoría por haber sido la primera. Knox gastó millones y millones de dólares en México para robar un poco de su posicionamiento, pero fue una entrada tardía. Barilla, por el contrario, se ahorró mucho dinero al reconocer que ese tren ya se le había ido. Seguramente usted ya ni recuerda a Knox sopa en vaso. Cuando una marca está muy bien posicionada y fue la pionera en la categoría, es casi imposible quitarle su lugar. Así lo comprobamos al hacer un estudio experimental de las 20 marcas principales de la línea de abarrotes que se venden en una tienda de autoservicio en México. La mayoría habían sido pioneras en su categoría o habían atinado en inaugurar una nueva categoría con una nueva marca.

No trate de copiar algo que ya existe, no sea una marca copiona. No pierda su tiempo lanzando nuevos productos que reproducen otros sin ninguna diferenciación significativa, o sin algún beneficio nuevo importante para el consumidor. No se quede en la mediocridad, va a perder recursos seguramente.

En el tema de las marcas hay que enfocarse y definirse con beneficios relevantes, tangibles o intangibles. Muchas ofertas de productos nuevos nacen por el deslumbre del éxito de marcas que ya lograron un posicionamiento; basta observar el mundo de los tequilas o el de las salsas picantes. Los compradores del comercio bien podrían poner afuera de sus oficinas: por favor, ya no se admiten nuevos tequilas ni salsas.

TEQUILA: REFINAMIENTO Y POSICIONAMIENTO

El fenómeno del *boom* del tequila es una historia conocida para los mexicanos, pasó de ser una bebida sencilla a una elegante.

Rápidamente en los años ochenta aumentó su consumo sin tener suficiente agave sembrado (que tarda entre siete y ocho años en madurar). La demanda aumentó y la oferta no era suficiente, entonces el producto se apreció. Los usuarios comenzaron a encontrar valores intangibles nuevos en las marcas de tequila como nacionalismo, estatus, misticismo mexicano, masculinidad, moda, entre otros. Los tangibles, ya los conoce, sabor, menos calamidades al día siguiente (en las versiones 100% de agave) y sensación de relajamiento. En esa época cualquiera tenía un relato mítico que contar de su tequila favorito: "yo lo compro en una pequeña fábrica en Arandas", "el mío me lo añejan y etiquetan especialmente", "el Herradura Reposado es el bueno", "yo prefiero el Don Julio", eran algunas de las expresiones de una categoría de moda y en franco desarrollo. Al crecer el consumo la categoría comenzó a producir marcas y marcas al por mayor. En la actualidad existen cerca de mil y ¡siguen saliendo!

Se han creado versiones de blanco, reposado y añejo para casi todas las marcas importantes. Se han repartido los segmentos de marcas elitistas y las de valor alto como Cazadores, nombre que fue adoptado a partir de un afamado restaurante tapatío y que, por cierto, ya no es una marca mexicana pues la adquirió Bacardí. Se han lanzado también marcas de precio como Jimador y Cabrito Reposado; o *chic* como el caso de Don Julio (la cual se posicionó como el primer tequila refinado con un sabor suave en el D. F.). La lista ha llegado hasta el lanzamiento de marcas femeninas, como Carmesí, cuando el consumo de tequila entre las mujeres es un acto de masculinidad similar a la identificación con el acto masculino de fumar. Se ha intentado también lanzar marcas "engaña gringos" que sustentan una aparente calidad por su envase elegante, o marca fiestera o revolucionaria; recordemos la marca Don Porfirio y su nopal de cristal dentro de la botella.

En otro intento más por retener y crecer mercados, así como por salirse del montón, las marcas líderes tradicionales han lanzado versiones de submarcas renovadas y más refinadas, como Hacienda de Sauza; Antiguo de Herradura, que se introdujo con la imagen del Zapata de Alejandro Fernández y, también, ha dejado de ser marca mexicana. Los casos notables de éxito han tenido que ver más con valores intangibles que con beneficios tangibles, debido a la poca posibilidad real de diferenciación entre una marca y otra.

Cuervo Tradicional ha intentado un posicionamiento un tanto más creativo, adoptó la costumbre de los regiomontanos de tomar el tequila frío y ejecutó una campaña promocional en puntos de consumo, con exhibidores y demostradoras que denotaban esta variante de hábito. Hasta ahora no me ha tocado oír a nadie pedir un Herradura, Sauza u Orendain servido frío, pero sí un Cuervo Tradicional. En 2006 comenzó a lanzarse en Estados Unidos el Cuervo Black basando su posicionamiento en función del uso; la publicidad lo ubica como el idóneo para mezclarse, incluso con refrescos de cola. Atrás está la estrategia de competirle a las marcas tradicionales de whisky como Jack Daniel's. La fortaleza está en la destreza del manejo del añejamiento que tiene Cuervo y sus 100 años de tradición en unión con Diageo (empresa de licores estadounidense).

Otro caso exitoso de diferenciación, del otro lado de la frontera, es el de tequila Patrón; con una mercadotecnia como reza su eslogan: "simply perfect", creado por John Paul Dejoria (también cofundador de la Escuela Paul Mitchell). Este tequila ha pegado con tubo con su estrategia de "hip-bebida" y sabor suave. Usa una botella en cristal tipo soplado y se promueve con artistas del momento en MTV. Sus precios van desde 60 dólares el Silver hasta 500 dólares por el Gran Patrón. Su publicidad se enfoca en la belleza de la botella simple y étnica; de gringos para gringos, percepción y branding.

Hemos citado algunos casos de marcas que se han tratado de diferenciar, pero la mayoría se ha hundido en la falta de creatividad. Es ocioso contar la enorme cantidad de nombres de tequila que se han usado y siguen lanzando con el mensaje principal en su publicidad de que son 100% de agave o que tienen una gran tradición. Increíble.

El tequila es una categoría ahora saturada y con una demanda que puede caer entre los jóvenes en función de moda, y seguirá dando una guerra con muchas batallas donde los tequileros no deben olvidar que la mercadotecnia y el branding en esta categoría son una tarea de expertos, de cazadores, pero de posicionamientos, no de tequilas.

PASOS PARA UN BUEN POSICIONAMIENTO

Para lograr un buen posicionamiento, corazón de las marcas, le sugiero entender los siguientes pasos basados en la teoría de los profesores Alice M. Tybout, Martin y Gregory S. Carpenter, de la Escuela de Graduados de Kellogg, de la Universidad de Northwestern en Chicago. Si desea profundizar sobre este tema le recomiendo leer los libros *Kellogg on Marketing* y *Kellogg on Branding*, son una excelente referencia, proveniente de una de las mejores facultades de mercadotecnia en el mundo. Veamos una secuencia para posicionar nuestra marca:

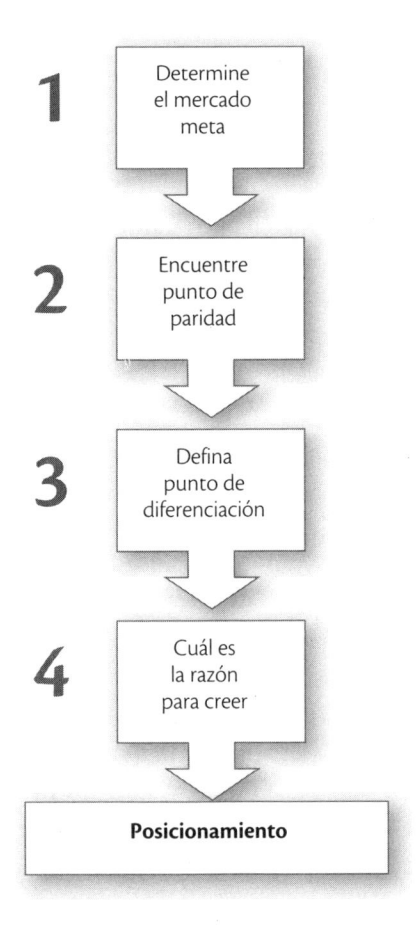

1 Determine el mercado meta

2 Encuentre punto de paridad

3 Defina punto de diferenciación

4 Cuál es la razón para creer

Posicionamiento

1. Determine su mercado meta

¿A quién va dirigido? La mejor noticia que usted podría tener es que no requiera segmentar, que su producto se venda masivamente a todo el mundo. En la práctica ocurre que hay algún grupo de personas al que va dirigido el producto. Los mercadólogos segmentan con base en características demográficas y sociales: género, rango de edad, NSE, nivel escolar y tipo de población en que habitan.

También es recomendable segmentar con base en el uso: si ya es usuario de la categoría, no-usuario o es usuario de la competencia. Esta información le ahorrará mucho tiempo y dinero, pues sabrá a quién le va a hablar su marca. Si no tiene muy claro a quién va dirigido, mejor invierta en contratar una agencia de estudios de mercado para que le ayude, o reflexione, averigüe, pregunte, observe...

Vamos a usar un ejemplo de una nueva marca de cobertores para ilustrar los pasos que debe seguir para construir un posicionamiento: dirigido a hombres y mujeres de 25 a 55 años, NSE A, B, y C que viven en las ciudades del norte y el altiplano del país con climas fríos, usuarios de la categoría (mercado meta).

2. Encuentre su punto de paridad

¿A qué categoría pertenece? Identifique en qué categoría participa o participará su marca. Debe ser muy claro en la asociación de su marca con algún grupo de productos bien definido o con valores generales reconocidos. Hace muchos años, salió al mercado un aderezo llamado Yogunesa, se trataba de una mayonesa elaborada de yoghurt. Nunca funcionó porque, precisamente, no era ni yoghurt ni mayonesa. En una esquina de la Av. Cuitláhuac, en la Ciudad de México, hay una tiendita inocente que tiene un letrero que promueve sus servicios en el cual se puede leer: comidas corridas económicas, tarjetas para celular, copias y ciber-café; es un ejemplo extremo de ambigüedad. Un restaurante ostenta en su publicidad: hamburguesas y sushi. Para posicionar una marca es clave que el consumidor tenga claro cuál es la categoría en que ésta participa. Usted no puede ser experto en sushi y hamburguesas.

Sigamos con nuestro ejemplo de los cobertores para ilustrar:

Konfortami, la línea de cobertores y blancos.

3. Encuentre un valor específico relevante

¿En qué se diferencia? Los valores únicos o específicos que tenga su marca y que deberán ser relevantes tanto como atractivos para el consumidor, sean tangibles o intangibles. Este es el punto más importante del posicionamiento. Cuando me tocó lanzar los nuevos frijoles Isadora en bolsa al vacío, sabíamos que el empaque y la tecnología de proceso eran los primeros en México en su género, y que se trataba de una gran novedad cargada de atributos y beneficios. La mayoría de ellos tenían que ver con la practicidad o conveniencia. Fueron Al y Laura Ries quienes nos convencieron de que el principal atributo –no visible– era el sabor y no la practicidad que arrojaban los grupos focales. Probamos expresiones típicas: caseros, naturales, tradicionales, etc. Estas palabras están muy desgastadas y son transparentes para el consumidor, pensamos. Entonces, al repasar los resultados de los estudios sensoriales (cuando se prueba el producto sin mencionar la marca), fue muy claro concluir que los frijoles Isadora "no sabían a lata". Un valor que no agradaría a la competencia, pero que tenía una contundencia comprobada, incluso ante notario público. Ese sería el principal atributo sobre el cual se posicionaría nuestra nueva marca. Unos meses después Isadora salió con éxito al mercado, porque pudo conectar un beneficio único, relevante y atractivo para el consumidor.

En el ejemplo de los cobertores:

Se caracterizan por tener una mejor relación entre su ligereza y su grado de calentamiento que otras marcas.

Vale la pena afirmar que es más contundente diferenciar con un beneficio tangible como en los dos casos anteriores. Se trata de características concretas, fáciles de percibir. Ausencia de sabor a lata en el caso de Isadora, y mayor calor con menor peso en el caso de Konfortami, nuestra marca inventada.

En otras ocasiones, cuando no hay beneficios tangibles que sean importantes, es posible vincular un valor intangible con las emociones. El pequeño, pero confiable, banco Bansí en Guadalajara, sin un gran departamento de mercadotecnia ha atinado en crear una diferenciación de un valor que podría ser tomado como fuerza o debilidad: su tamaño pequeño. Toda su publicidad, a cargo de la agencia local Vértice, así como la identidad de su marca, conllevan un mensaje central de humanismo, buscan posicionar su banco como uno más enfocado a las personas. Se trata de proporcionar servicios que suelen ser frívolos, con un tratamiento personalizado y más humano. El punto de diferenciación de Bansí se basa en valores intangibles, le hablan al corazón, no a la mente. Un banco que tuviera un enfoque más racional, se preocuparía por los horarios de apertura o por pagar las mejores tasas de interés.

Un consejo para determinar su punto de diferenciación es hacer una tabla con todos los valores que usted reconoce de su marca y de la de sus principales competidores; luego vea si puede encontrar alguno específico, propio de su marca y no repetido por sus competidores, analice entonces si es relevante, si le interesa al consumidor. Si sucede que su marca es la líder en la categoría, no olvide que puede usar los principales valores de la categoría en su posicionamiento, tal como un detergente líder puede decir que es el que mejor quita las manchas.

4. Razón para creer

¿Por qué debe creer el consumidor? Al consumidor hay que decirle claramente por qué su marca es mejor que la de sus competidores. Al hablar del porqué no se trata nada más de establecer el punto relevante de diferenciación, sino de acompañar la razón por la que el comprador debe creer en la marca. En el caso de Isadora el punto de diferenciación es que no sabe a lata, y la razón para creer, muy sencilla, su envase es una bolsa de plástico al vacío no una lata. En el caso de Bansí, si yo fuera su gerente de mercadotecnia, buscaría que en la publicidad no sólo se mostrara un banco más humano, sino que usaría una estrategia que confirmara esta ase-

veración. Por ejemplo: si usted, siendo cuentahabiente, no es atendido en menos de 5 minutos, el banco no le cobrará comisiones ese mes. Otra opción sería entrenar a sus ejecutivos de cuenta en técnicas de programación neurolingüística, podrían ser maestros en cómo tratar a sus clientes de una manera personal.

En los cobertores:

Son ligeros y calientes porque están elaborados con microfibra y filamentos de lana australiana.

La frase de posicionamiento completa sería:

Dirigido a hombres y mujeres de 25 a 55 años, NSE A, B y C que viven en las ciudades del norte y el altiplano del país con climas fríos, usuarios de la categoría (mercado meta). Konfortami, la línea de cobertores y blancos (punto de paridad o pertenencia), que se caracteriza por tener una mejor relación entre su ligereza y su grado de calentamiento que otras marcas (punto de diferenciación); porque están elaborados con microfibra y filamentos de lana australiana (razón para creer).

Si su empresa no tiene una gran experiencia en mercadotecnia, busque ayuda, pero siempre sea usted quien determine la estrategia de posicionamiento, así como las palabras que definan su esencia y mantra. Nadie conoce mejor su producto y mercado que usted mismo, las agencias solamente ven una parte del negocio. Busque y aproveche el talento creativo de la agencia, pero no permita que manejen su estrategia, ya que el papel de ésta es sugerir caminos creativos para comunicar la estrategia, a partir del posicionamiento que usted les proporcione.

5. Escriba su eslogan

¿Cómo reforzar la marca? La frase de posicionamiento servirá de base para desarrollar la comunicación hacia el consumidor. En pocas palabras, es la manera en que queremos que el consumidor nos perciba. A partir de este texto se puede escribir un eslogan. Un buen eslogan es una síntesis memorable de su posicionamiento.

Usted puede apoyarse con un creativo, sea o no de agencia, para definir las palabras que representarán mejor el posicionamiento de marca a través de su eslogan. Las palabras deben ser significativas, poderosas y únicas.

Un establecimiento que vende muebles de baño se diferenció con un eslogan que reza: Piccolo, "la pieza suelta". Es genial, se enfoca al consumidor pequeño. En la marca Verde Valle nos definimos como "conocedores de arroz y frijol", nuestra marca no pretende invadir muchas categorías, pero desea ser la de mayor frescura y selección en el mundo en dos productos básicos. La marca por sí sola, incluyendo los colores verde y amarillo, conlleva intrínseco el mensaje de frescura y campo que es nuestra esencia; no es necesario agregarlo en el eslogan, pero sí es deseable establecer que somos los líderes y especialistas en estos dos alimentos nobles.

"Todo México es territorio Telcel", es un eslogan que refleja el dominio de cobertura, pero también de uso de la marca Telcel, lleva dos significados a la vez. Corona, "la cerveza mexicana más vendida en el mundo", es un eslogan que denota el liderazgo y el orgullo, que nos encanta a los mexicanos, de ver triunfar algo nuestro en el extranjero.

Algunos eslóganes tienden a enfocarse más en los beneficios que en los atributos; por ejemplo, HP usa "invent", es decir, qué puede hacer usted con la marca.

6. El posicionamiento debe ser el eje del plan de mercadotecnia y branding

¿Cómo defender el posicionamiento? Las estrategias que usted defina tanto dentro de su empresa como en los organismos externos que trabajen con su marca, deben estar alineadas con el posicionamiento buscado o adquirido. Defiéndalo contra viento y marea.

Le cito el caso de una fábrica de uniformes industriales (categoría poco diferenciada) que definió que su posicionamiento se basaría en la diferenciación de una entrega inmediata, ya que muchos clientes se quejaban de la demora al ordenar uniformes para sus empleados. La fábrica decidió levantar sus inventarios en los artículos y tallas más usadas para poder tener una respuesta en 24 horas. Mi propuesta para que los compradores de empresas distinguieran esta nueva estrategia de posicionamiento, fue que se les enviara una playera industrial dentro de una caja de pizzas, con unos gráficos muy llamativos y alusivos al tema central: la entrega inmediata. El mercado meta de uniformes industriales es muy identificable, por lo que un promocional directo era más viable y económico que una campaña masiva para estos clientes potenciales; el usar un recurso creativo que conectara con el posicionamiento de entrega rápida fue el objetivo. De aquí en adelante esta empresa debería hacer de la entrega inmediata la esencia de su marca, defender su posicionamiento en todo momento sin fallar en el servicio; tal como Domino's Pizza, pero en uniformes.

POSICIONAMIENTO ¿ACTUAL O BUSCADO?

Una duda común cuando usted ya tiene una marca y comienza a escribir su frase de posicionamiento es si debe hacerla con lo que es su marca aquí y ahora o como le gustaría que fuera en el futuro. Mi recomendación es que, si su marca ya está bien aceptada en el mercado, no cambie; mejor investigue cuál es el valor central que el consumidor ha identificado en ella y defiéndalo, busque comunicarlo con relevancia. Si su marca está naciendo, entonces cree una estrategia de posicionamiento de acuerdo con los valores que le gustaría comunicar. Recuerde que el éxito dependerá de que el consumidor decida si son o no relevantes.

REPOSICIONAR ES DIFÍCIL, PERO EN OCASIONES POSIBLE

Es válido aunque muy difícil reposicionar las marcas, buscar nuevos valores relevantes y diferenciados que le den al consumidor nuevas razones para interesarse en nuestra marca.

Un caso exitoso de reposicionamiento fue el que vivió Aeroméxico. Esta línea aérea tenía mala fama hace algunas décadas; los pasajeros la consideraban impuntual y burocrática. En los años noventa, Aeroméxico logró un cambio sustancial convirtiéndose, como su eslogan lo dice, en *la línea aérea más puntual del mundo*; supo reposicionarse con un ángulo favorecido por el hecho de que en México las condiciones climatológicas son mucho más benignas que aquellas que demoran los vuelos en los países del hemisferio norte. Algo parecido sucedió con Telmex, la empresa que antes, en manos del Gobierno, estaba rezagada tecnológicamente y ofrecía un pobre servicio a los usuarios. Éstos veían en Telmex-del-Gobierno una marca monopolista que no escuchaba los reclamos de calidad en el servicio. Con su privatización, Carlos Slim y su gente supieron recargar con rapidez la batería de la marca Telmex. Infraestructura, tecnología, servicio, cobertura e innovaciones de productos fueron factores clave para dejar a esta marca en posibilidad de seguir dominando el mercado y resistir los embates de marcas transnacionales. Otro tema es la necesidad de mayor competencia que permita bajar las tarifas a los usuarios, sobre todo en telefonía celular.

Hay marcas que descargan su batería de manera tal que es prácticamente imposible reposicionarlas. En ocasiones la desacreditación de una marca puede afectar al resto de la categoría, como en el caso de las cajas populares. Las marcas tienen un sistema inmune, pueden resistir ciertas descargas mientras no sea un hecho fulminante. A usted le puede salir un cabello en un panqué Bimbo –hecho poco probable, ya que tienen un sistema de calidad basado en HACCP– y no por ello dejará de comprar esa marca para siempre. Bimbo tiene un gran sistema inmune, una gran carga de energía en su batería. Un cabello en un pan no es un hecho fulminante, perder la confianza sobre dónde depositar sus ahorros, sí.

Y CUANDO PARECÍA QUE UNA CATEGORÍA ESTABA SATURADA

Queda claro que tratar de copiar un producto buscando un posicionamiento forzado es casi imposible; sin embargo, un nuevo posicionamiento y una nueva diferenciación (que sea lo suficientemente relevante para el consumidor) ayudan a construir marcas, o extensiones de línea, en categorías de productos que podrían parecer ya como saturadas.

Si usted recorre los anaqueles refrigerados de los supermercados en todo el mundo (Estados Unidos y Francia, incluso), dudo que encuentre un fenómeno como el de la categoría de yoghurt en México. Somos uno de los países con más consumo de productos con lactobacilos per cápita en el mundo (Yakult incluido). La guerra de las marcas de yoghurt parece no tener fin. El natural ha sido seguido por uno con frutas, luego uno bebible, otro más con bacilos especiales, después con fibra soluble, sin grasa, sin azúcar y hasta con "perlas activas", para niños, tipo cremoso, en presentaciones grandes, pequeñas, medianas y cualquier otra modalidad que pueda imaginarse. Lala le pidió a la agencia Olabuenaga Chemistry, hace algunos años, que le ayudara a lanzar su nuevo yoghurt con frutas. Desde casi cualquier perspectiva esta idea parecía descabellada, esta subcategoría se veía muy saturada, era una entrada tardía. A Ana María Olabuenaga se le ocurrió una buena idea después de preguntarle a la gente de Lala de dónde venía su leche, ellos contestaron: "Pues de nuestras propias vacas..." ¿Y la de su competencia? "Pues viene en polvo de diferentes países." ¡Lotería! La campaña salió con el eslogan *Su yoghurt es de buena marca, ¿será de buena leche?* Este ejemplo es una muestra excelente de que hay campañas que son más que los productos. La genialidad reside en buscar un ángulo de posicionamiento no visible y extraerlo con relevancia para el consumidor.

Casos parecidos son los de Nutrioli, el de los cereales en bolsa de Quaker o el de cereales integrales de Nestlé. No se dieron por vencidos al buscar un ángulo de diferenciación significativo para el consumidor, ya sea empaque o nutrición.

HASTA DÓNDE CRECER UNA MARCA

Esta es una de las decisiones más polémicas en el mundo del branding. Me refiero a cuando deseamos crecer y lanzar una nueva línea de productos y hay que optar entre usar la marca que ya tenemos en el mercado o ponerle una nueva.

La respuesta sobre hasta dónde debemos crecer una marca está ligada al posicionamiento que se ha logrado en determinada categoría. Ahí están las fronteras.

Hay que respetarle su lugar a una marca que está bien arraigada en una categoría, no tratar de abarcar más; preferible ser el mejor y defender a toda costa un posicionamiento logrado. Se trata además de ser congruente con el mantra que se ha definido para la marca. Mientras más posicionada esté una marca, más difícil le será moverse a otra categoría; es como mover un árbol que ya echó raíces profundas. Si existe una categoría o negocio nuevo al cual se pretende incursionar, siempre será mejor usar una nueva marca para diferenciarse, a menos que se trate de una categoría con un potencial muy pequeño. Use entonces la existente para no incurrir en gastos mayores al tener que darla a conocer.

Con frecuencia existe la opción tentadora de usar el nombre que ya tenemos para crecer en otra categoría. Es posible que usted tenga que enfrentarse a la ignorancia bien intencionada de mucha gente que, inclusive, tiene experiencia en mercadotecnia y que está enamorada de una marca actual.

Uno de los mejores vinos de mesa del país es Chateau Domecq. Creo que estos vinos estarían todavía mejor posicionados si se hubiesen lanzado con otra marca hace muchos años, pues para la mayoría de los mexicanos, Domecq no es una marca de vinos de mesa, es percibida como una marca de brandy.

La marca número 1 de arroz y frijol en México es Verde Valle, los consumidores la asocian con selección, calidad, frescura y con la categoría de arroz y frijol. Alguna vez se nos ocurrió lanzar en el canal de autoservicios una línea de vegetales enlatados, su calidad era sustancialmente mejor que cualquier otro producto existente en aquel entonces en el mercado. Los vegetales se empacaban a una hora de cosecharse en el valle Willamelete en el estado de Oregón. Verde Valle aparentaba ser una bandera ideal para extenderse a esa categoría. Además de no haber sido los primeros en posicionarnos en esa categoría (razón suficiente para fallar), fuimos muy pretenciosos al pensar que Verde Valle podría también significar ser expertos en vegetales enlatados en la mente del consumidor.

¿Para qué gastar un mundo de dinero en lanzar otra marca cuando ya existe una viable en apariencia?, vamos aprovechando esa fuerza que ya tenemos... Este es el argumento más usual en el que se cae en falso para extender el uso de una marca: que el consumidor ya la conoce y da confianza. Sí, pero el consumidor tiende a asociar una marca con su esencia y dentro de un perímetro, así forma una imagen en su memoria de largo plazo (posicionamiento). Aeroméxico no puede ser línea de bajo costo; se tienen que crear marcas como Click o Interjet.

Si se piensa en el Tizoncito, se saborean tacos, no hamburguesas; si se piensa en Devlyn, se piensa en ojos, no en pies; El Globo se relaciona con pan y pasteles, no con chocolates; la marca de beisbol Diablos Rojos de México no puede ser extendida a un equipo de futbol, ha desarrollado una raíz profunda como un equipo del rey de los deportes. Hay que recordar que en un mundo confuso de opciones, nuestra mente se siente más cómoda al dar un lugar a cada marca asociada con su posicionamiento; Al Ries lo ha repetido hasta el cansancio. Campbell's es una gran marca asociada con sopas en lata; de haber sido este nombre el que inaugurara la categoría de sopas deshidratadas en vasitos para microondas, habría, además de haber perdido la oportunidad de asociar una nueva marca con una nueva categoría, disminuido su posibilidad de éxito. El mercado era, sin que nadie lo sospechara, potencialmente muy grande: de cientos de millones de pesos, ideal para una marca nueva.

A mayor enfoque de la marca aumenta la fuerza de su posicionamiento.

Urrea, la empresa todavía mexicana, que fabrica válvulas y llaves para baño, decidió ponerle a una línea de llaves, orientadas a un nivel socioeconómico alto: Urrea Diseño. Urrea es el nombre y Diseño, el apellido que trataba de representar la nueva extensión de línea. Urrea, además del apellido de su fundador, es una muy buena marca en México, significa prestigio y solidez; pero abarcaba ya varias categorías, incluyendo aquellas herramientas que antes siempre venían en los autos nuevos; en suma una imagen ruda o industrial.

Es muy tentador usar la misma marca para entrar en un segmento que compita con las marcas de importación que connotan diseño. Pero Urrea tiene otro significado y no conecta con los objetivos del mercado de llaves para un mercado elitista. Al usar su nombre en esta nueva categoría pierde la fuerza del enfoque. De hecho, Urrea Diseño son palabras que se contradicen. Con gran tino ahora han hecho otro lanzamiento, aliados con una empresa italiana, mediante la nueva marca Stanza; dirigido a un mercado NSE A y B, así como Black & Decker y De Walt que son dos marcas también de una misma firma; pero dirigidas al mercado doméstico, la primera, y al profesional, la segunda.

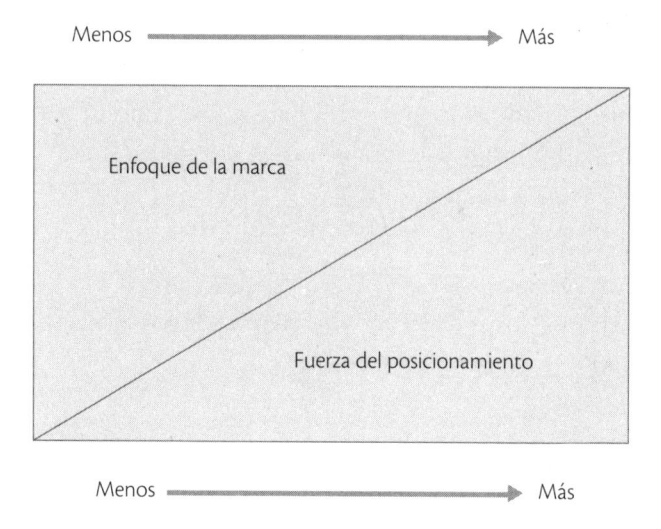

Menos ⟶ Más

Enfoque de la marca

Fuerza del posicionamiento

Menos ⟶ Más

Más casos de enamoramiento con su marca son los de Herdez en 2005 y Del Valle en 2006, al lanzar sus bebidas de soya con la misma marca, cuando Ades, de Unilever, ya había inaugurado la categoría años atrás, usando correctamente una nueva marca para una categoría también nueva y en potencia muy grande. Así lo hizo Silk (leche de soya) en Estados Unidos, marca que además acertó al exhibirse en los refrigeradores tal como se usa con la leche de vaca en ese país.

En 2006 la marca Vitalinea se extendió de la categoría de yoghurt sin grasa –donde goza de un excelente posicionamiento– a la de aguas embotelladas "ligeras". Esta extensión de línea parece arriesgada a primera vista, pero ambos productos guardan la misma esencia, son bajos en grasa y calorías. Veremos qué sucede con el tiempo en el mercado.

Entonces, ¿no debe usarse una marca ya creada para lanzar nuevos productos? La respuesta no se da en términos de sí o no, pero mientras más se aleje del producto o categoría original, la marca perderá enfoque y relevancia. Digamos que hay una frontera que es mejor no rebasar y que está delineada por el posicionamiento, la esencia y la fuerza de la marca.

El champú Head & Shoulders ha lanzado al mercado nuevas versiones de su exitosa marca contra la caspa, como la de mentol, pero no se ha salido de su promesa principal: acabar con la caspa.

Termino esta serie de ejemplos con uno muy exitoso: Yakult. Esta bebida encabeza la lista de productos más vendidos en los autoservicios. Se trata de una categoría nueva, con una marca nueva, con un sistema de distribución diferenciado (sobre todo en su inicio), que se ha quedado enfocado en un solo producto. Tal como lo ha hecho la célebre bebida energizante Red Bull.

EL POSICIONAMIENTO, LA ESENCIA Y EL MANTRA DELIMITAN LA MARCA

En 2005, la directora de la marca Chivas nos propuso empacar un producto alimenticio con su bandera. Chivas había concedido su marca deportiva a Reebok, quien mandó un equipo muy profesional desde Inglaterra para estudiar la esencia de su marca y el fervor casi religioso de sus seguidores. Además tenía una buena arquitectura de marca (la manera en cómo se integran todos sus elementos gráficos en torno a una misma idea), con guías de identidad y hologramas que eran entregados a sus licenciatarios. La marca Chivas abarca cientos y cientos de artículos, desde pañales, tarjetas de crédito y bicicletas para niños hasta ataúdes. ¿Cómo puede una marca crecer en tantos productos sin debilitarse? De acuerdo con la regla de que una marca no puede abarcar muchas categorías este manejo indiscriminado no funcionaría. El secreto está en que la esencia de la marca Chivas está delimitada por un valor muy amplio: la pasión, Chivas no vende fundas para celulares, camisetas o refrescos, Chivas vende pasión; entonces su marca puede extenderse a cualquier producto donde el consumidor encuentre una identificación con el valor intangible de la pasión. Hay una limitante, en mi opinión la pasión representa un valor abstracto que no tiene un ciclo muy largo referido a un artículo. La marca Chivas es ideal para *in-and-outs** o en artículos que no representan una compra repetitiva a largo plazo como los promocionales. Por más fanático que sea de Chivas, usted compraría un rastrillo para rasurarse por un tiempo, pero luego volverá a la marca o modelo donde encontrará el valor de ser el experto. En 2005 escribí: no auguro tanto éxito a mis amigos de Chivas en su tienda de ropa de moda; en 2010 cerraron su tienda insignia en Plaza Galerías en Guadalajara.

Otro ejemplo de una marca que se aventura a invadir una y otra categoría, pero nunca perdiendo su esencia es Virgin. La empresa Virgin nació siendo una tienda de discos (las cuales ahora están cerrando por la competencia de una nueva categoría: las tiendas de música por Internet), es también una exitosa línea aérea que ofrece el valor agregado de servicios inusuales y divertidos, también vende teléfonos celulares para un mercado de jóvenes, servicios de viaje, financieros, juegos de azar y otros servicios que usted puede husmear en su página <http://www.virgin.com>. La esencia de Virgin es ser una marca relajada, que rompe esquemas, puede abrirse de perímetro de una manera divertida y comunicativa.

* Productos que se diseñan con una vida corta, para lanzarse y salir del mercado en poco tiempo.

Dos deportes de los marcólogos: cazar posicionamientos y analizar proposición de valor

LA IMPORTANCIA DE CREAR NUEVAS CATEGORÍAS Y TENER EN MENTE LA ECUACIÓN DE VALOR

En este capítulo veremos dos actividades muy útiles que se convierten prácticamente en deportes y se usan para poder construir con éxito las marcas.

EL CAZADOR DE POSICIONAMIENTOS

Ser la primera y más fuerte de las marcas en una categoría en la mente del consumidor es por mucho una de las oportunidades más valiosas para la construcción de una marca, de una batería bien cargada. Ser el primero o crear una nueva categoría representa un buen reto ya que las presas son escasas, pero no es imposible. Requiere paciencia, análisis e intuición.

Tal como un cazador acecha a su presa, hay que intuir en qué momento se encuentra un espacio para posicionarse.

En qué momento descubrimos la oportunidad de crear una nueva categoría para ser los primeros con una marca nueva. Es increíble la cantidad de productos, servicios e ideas que salen al mercado buscando posicionarse y no tienen éxito. Las estadísticas no son precisas en México. Algunos lanzamientos son extensiones de línea, otros son marcas nuevas. ¿En dónde está el secreto del éxito? ¿Cómo se logra que las marcas conecten sus valores tangibles e intangibles con las necesidades y deseos del consumidor? ¿Cuándo sabemos que se está creando una categoría nueva? ¿En dónde reside la posibilidad para construir una marca nueva? ¿Cuándo podemos estar seguros de que nuestro producto tiene una historia interesante que contar al consumidor? Le aseguro que sí existe algo de aleatoriedad, pero en gran medida depende del talento, la creatividad, la intuición y el conocimiento del cazador. Me refiero a la actitud de búsqueda de la presa, a veces ésta llega rápidamente, otras uno tarda mucho en encontrarla.

Como en cualquier área de la vida profesional, el éxito del lanzamiento de productos se aprende mucho con la práctica, aunque la teoría nos facilita el camino. Un marcólogo iluminado que conoce su categoría, es capaz de predecir el éxito de un lanzamiento, en función de la lectura que hace de las características de la marca que se está lanzando. Conseguir un posicionamiento con un atributo relevante para el consumidor puede tomar tiempo, hay que acechar y divertirse con la espera, hay que observar con talento lo que sucede en el mercado. Por supuesto que duele cuando un lanzamiento no funciona, mas después viene de nuevo la motivación por seguir cazando.

Los marcólogos deben ser apasionados cazadores de oportunidades, deben disfrutar su cacería buscando las buenas opciones, digerir la información del mercado, sabiendo interpretar las pistas que sugieren que una presa está cerca, luego deben lanzarse a atraparla y defenderla. Cuando uno tiene una presa valiosa lo sabe de inmediato al ver lo fácil que es colocarla en el mercado. No tengo ninguna duda de que Fernando Topete supo que había cazado una buena cuando convirtió los tradicionales dulces de chilitos (que antes se vendían en bolsita o en "ollita") en un juguete y atinó al nombre de Pelón Pelo Rico. Su propósito era crear un dulce cuya diferenciación estuviera en el empaque, así divergió a una nueva categoría de dulces-juguete. Su marca era la primera en esa categoría y, por ello, se posicionó y se convirtió en la más importante. Cargó una batería que después vendería a Hershey's por una buena suma y fue un buen cazador intuitivo, un cazador de posicionamientos.

Los cazadores de oportunidades para ser primeros en posicionarse con una marca deben enfocarse siempre en las presas valiosas que consiguen, no en los intentos fallidos. Éstos deben servir para dar información, para poder leer qué falló y seguir adelante.

En los años noventa me tocó conducir el lanzamiento de unos frijoles deshidratados en hojuela, con la intención de ser los primeros en esta nueva categoría. En paralelo, Knorr hizo el mismo esfuerzo con un producto parecido y más recursos que incluían anunciarse en televisión. Ambas empresas nos dimos cuenta de que el consumidor mexicano, en ese momento, aceptaría un vasito de sopa deshidratada con el valor tangible de mitigar su apetito y el intangible de la indulgencia; un arroz deshidratado que conviene porque se prepara en 5 minutos; un puré de papas deshidratado que data desde los años sesenta; pero no unos frijoles, éstos son más culinarios. Los frijoles no pueden ser comida de astronautas, me dijo una vez una consumidora. El intento por cazar y construir esta nueva categoría falló, pero quedó el conocimiento para futuros lanzamientos, para el momento en que aparezca un cambio en la actitud de consumo. Esta memoria de cazador es algo que se pierde sobre todo en las empresas muy grandes, donde entran nuevos encargados de marcas que olvidan o desconocen los resultados de otras cacerías.

Las categorías evolucionan con el tiempo generando otras nuevas, que sobreviven cuando se crean nuevas marcas, a lo que Al y Laura Ries han llamado divergencia en su libro *El origen de las marcas*. Los cazadores de posicionamientos deben saber en qué momento puede crearse una nueva categoría con una nueva marca, tal como Gatorade lo hizo para las bebidas isotónicas; Maruchan para sopas en vasito; Isadora para frijoles refritos en bolsa al vacío; Bon Ice para bolis congelados en venta callejera; Yakult en bebidas con lactobacilos; Rotoplas para tinacos de plástico y Arizona para tés fríos en lata.

Diviértase y desarrolle talento para ser un cazador de oportunidades en el mercado, para posicionar marcas nuevas y crear nuevas categorías con atributos relevantes. Recuerde también que las presas son escasas, pero nunca imposibles. Hay muchos ejemplos de categorías que parecían saturadas y alguien encontró una presa nueva. Usted tendrá más oportunidades si se enfoca en las presas que pertenecen a la fauna que conoce. Si su actividad es la de elaborar zapatos, busque ahí la oportunidad de crear una nueva categoría y ser el primero en posicionarse: ¿catálogos, comodidad, estatus, naturaleza, fuerza o durabilidad?, investigue qué presas están disponibles, aceche para una nueva oportunidad.

NO OLVIDEMOS LA ECUACIÓN DE VALOR

Anteriormente vimos que la palabra valor, en marcas, significa una característica intangible. Aunque también tiene otra acepción, la traducida del vocablo inglés *value*, que establece la relación que hay entre calidad y precio. En su forma más simple se interpreta con la fórmula siguiente:

$$\text{Valor} = \frac{\text{Beneficios tangibles} + \text{Valores intangibles}}{\text{Precio}}$$

En mercadotecnia y en branding (para fortuna de los alérgicos al álgebra) hay muy pocas ecuaciones, pero la de valor es esencial. En ella se expresa mucho del éxito de las marcas. Si usted compra un automóvil que funciona muy bien, rebasa sus expectativas, tiene un excelente servicio posventa y le costó un precio razonable; su percepción es que su compra tuvo un alto valor. Si usted paga una cuenta muy cara en un restaurante donde la comida era mala, además de enojarse, referirá a ese establecimiento un valor muy bajo. A nadie le agrada sentirse timado.

Los Arcos es un restaurante que ofrece un buen valor en la realidad con un claro enfoque, no en vano es muy exitoso. La comida es buena, tiene platillos básicos y variaciones creativas en un menú del Pacífico mexicano de pescados y mariscos –primero se consigue una categoría, luego se desarrolla un buen producto y finalmente se crea la marca–. La decoración es festiva, el servicio excelente (increíble, traen la cuenta rápido), y siempre hay un pilón: vasitos de licor de café con leche, paletas Payaso para los pequeños y rosas para las mujeres. Además hay área de juegos y una pecera para entretener a los niños. Uno sale satisfecho y con ganas de regresar. La percepción de un precio relativamente alto de la marca Los Arcos se equilibra con los beneficios y valores que ofrece.

EL DEPORTE DE LAS MARCAS: CRECER EL VALOR PERCIBIDO

Diviértase mientras desarrolla una nueva práctica: ser analista de la ecuación de valor. Juegue por unos días, cada vez que compre un producto o servicio revise cuántos beneficios tangibles y valores intangibles está recibiendo por el precio que paga; luego no olvide pensar en su marca y el valor que ofrece.

Al acudir a SAM'S se sabe que esta exitosa cadena se maneja bajo un principio de austeridad. Al entrar ofrecen un café (que nadie se toma), el consumidor se dirige a comprar un paquete de Palomitas ACTII que se vende casi a la mitad de precio por unidad que en otro autoservicio; luego adquiere un juego de toallas con marca gringa, quizá le deslumbra algún artefacto novedoso para su casa, en la caja hay fila y al final no le dan bolsa y tiene que detenerse para que le revisen su ticket. Su conclusión puede ser: bueno, me aguanto un poco la austeridad de SAM'S para pagar un precio menor; aunque no hay que olvidar el costo de la franquicia. ¿Qué calificación le daría usted a la ecuación de valor de SAM'S? ¿Había notado que la austeridad manifiesta en SAM'S es un mensaje indirecto que refuerza su posicionamiento de precios bajos?

Cuando no se recibe una bolsa para el empaque, en la mente se crea una imagen de que esta empresa realmente hace un esfuerzo por vender más barato, y trata de no pasar la factura de los "lujos" habituales de otras tiendas.

Si usted vive en Guadalajara sabe que con $45.00 puede comprar unas ricas galletas en la pastelería Marisa. Además de saborear una de las mejores reposterías del país se queda bien con los amigos, pues la marca tiene un gran prestigio local, así como una connotación chic. Los postres de Marisa tienen un empaque agradable que refleja una imagen limpia y fina, que cambia además en temporada. Dicha marca está llena de valores tangibles e intangibles y se paga un precio justo. La ecuación de valor es muy buena y eso la hace una marca con éxito.

Después de practicar unos días el deporte de analista de ecuación de valor, encontrará una y otra vez que las marcas exitosas no son obra de la casualidad, siempre tienen una buena ecuación de valor y las que se encuentren con una mala calificación son especies en vía rápida a extinguirse. Sea entonces realista al revisar la ecuación de valor de su marca, ponga cuidado en ofrecer una buena. Si tiene suficientes valores "no deje el dinero en la mesa", cargue el precio justo, recuerde que los valores tienen que seguirse renovando; si no agrega razones para sostenerlos, su calificación bajará vertiginosamente.

El entrenamiento más importante para un marcólogo es el análisis constante de la ecuación de valor en su marca, es algo así como la constante digitalización de un músico con su guitarra, o darle vueltas y vueltas a una alberca para un nadador. El marcólogo debe entender a la perfección si sus consumidores actuales o potenciales están satisfechos con el precio que pagan por los beneficios que reciben, y si los valores tangibles e intangibles siguen siendo relevantes.

NO TODO ES CRECER CON UNA MARCA NUEVA

Al hablar de crecimiento de la empresa, tenemos más probabilidades de buen éxito para nuestra marca cuando logramos agotar el esfuerzo por mejorar lo ya existente, antes de expandir nuestro negocio o actividad social. Como asegura Sergio Zyman: da más resultado vender más de lo mismo a los mismos clientes. Después de esta primera opción de crecimiento, la manera más segura de progresar es comprar una marca que ya está funcionando, sea un puesto de tacos o un gran negocio de cientos de millones de pesos. El esfuerzo por abrir más sucursales, contratar más vendedores o introducir el producto que ya conocemos con nuevos clientes es mucho más viable que investigar, diseñar, probar, parir, producir, bautizar y, por último, dar a conocer a una nueva hija llamada marca.

Elementos clave para construir la marca

LOS FACTORES PRINCIPALES QUE PERMITEN CONSTRUIR Y SOSTENER CON ÉXITO UNA MARCA

Los elementos que proponemos en este capítulo son prerrequisitos deseables para construir una marca. Han nacido de la práctica del día con día en 25 años de observar y conducir marcas; la mayoría, por cierto, con muy bajo presupuesto.

FACTOR 1. GENTE

Se ha insistido en que en las actividades de negocios primero está la gente y luego la estrategia. En el terreno del branding y la mercadotecnia esto no podría ser más atinado. Una gran idea o estrategia es imprescindible, pero no basta si no se tiene a la gente adecuada para ejecutarla. Una marca depende de la gente creativa y también de la gente operativa, del talento en el lado derecho y en el izquierdo del cerebro. En el branding las marcas reflejan el espíritu emprendedor de sus líderes, de la gente que interviene en su construcción. Ya vimos que una marca-país resulta de lo que son todos sus habitantes, que el macrocosmos depende del microcosmos.

Atrás de la creación de Apple estuvo Steve Jobs, quien con pasión creyó en pensar afuera de la caja. Atrás de Omnilife está Jorge Vergara, que ha sido un emprendedor en la estrategia del negocio de venta multinivel. Atrás del grupo Maná están Fher con una voz diferenciada y talento para componer; y Alex con mucha energía y simpatía; quienes jamás se dieron por vencidos hasta ser el grupo pop-rock más importante en la música latinoamericana, relacionados además con la causa positiva del cuidado al medio ambiente a través de su fundación Selva Negra (marca benefactora). Atrás de la agencia, y ahora marca, Olabuenaga Chemistry está el gran talento creativo y perfeccionismo de Ana María Olabuenaga.

Aparte del líder indispensable, la gente que lo rodea es igual de importante para contribuir en la construcción de una marca. Desde un operario responsable de una máquina, que entiende los requerimientos de calidad de la marca, hasta el representante de ventas que termina por realizar un pedido para que el consumidor encuentre el producto en el mercado.

¿Gente creativa u operativa para construir una marca?

Cuando uno habla de marcas, de mercadotecnia y de publicidad, suele pensarse que se trata de un trabajo eminentemente creativo; que se decide desde el lado derecho del cerebro. Esto es cierto en parte, ya que la estrategia que emana del proceso creativo es clave; sin embargo, de nada sirve una gran idea si no se tiene la capacidad para realizarla. En esa otra parte interviene la gente con perfil operativo, la que sabe cómo estructurar un lanzamiento y ejecutarlo con las decisiones día tras día, en función de un plan estratégico.

En las organizaciones se necesita contar con ambos talentos. La gente creativa debe saber generar propuestas valiosas, diseñar productos ganadores, analizar mercados con inteligencia y proponer las estrategias. La gente operativa debe encargarse de ganar la guerra en el mercado. Ninguno es más importante que el otro. Hay personas que tienen la capacidad de pensar con ambos lados del cerebro y pueden ser excelentes líderes para conducir la construcción de una marca.

Distroller, Apple, Julio y Sergio Bustamante basan su estrategia principal más en el manejo de su lado creativo. Otras como Estafeta, Fiesta Americana, Hertz y Soriana, dependen más del lado operativo. Las buenas ideas no solamente provienen de los genios de la mercadotecnia, sino de gente común y corriente que convive con los productos. Por ello, el marcólogo debe tener los oídos muy atentos a toda propuesta que venga de cualquier persona dentro y fuera de la organización.

¿Mujeres u hombres para dirigir una marca?

En Verde Valle colaboran conmigo cinco gerentes de marca, todas mujeres. Ellas a su vez apoyan a gerentes de cuenta clave, en su mayoría hombres. En México las carreras de mercadotecnia suelen tener un alto índice de enrolamiento femenino, lo cual se refleja en los cargos. En algunas empresas de Europa ahora contratan parejas, hombre y mujer, para manejar la mercadotecnia de una marca, es una idea formidable, se aprovechan las cualidades naturales de cada sexo para tener un manejo más redondo. Lo que no se le ocurre a una se le ocurre al otro.

Gloria es mi coequipera en la dirección de las marcas, posee un excelente sentido común, es una ejecutora rápida y tiene muy buenos *insights* femeninos, las decisiones siempre son mejores cuando las comparto con ella. Sergio, otro director, también contribuye, es pragmático y crítico, ideal para balancear cualquier idea, para aterrizarla y cuestionar su viabilidad financiera. Alfonso, director comercial, tiene un gran espíritu, positivo y carismático, puede percibir con claridad si tal o cual marca volará por méritos propios.

Una marca se va construyendo no con las cualidades de una sola persona o un sexo, sino con el talento de muchas mentes. No obstante, la personalidad de las marcas sí tiene género (entre otras características) y sus encargados embonan mejor si están alineados con él. Es más lógico tener a un hombre manejando Black & Decker (herramientas eléctricas) y a una mujer Tane (joyería de plata), pero también es posible que una mujer use su lado masculino para manejar una marca con personalidad masculina.

El director, principal guía de la marca

Imagine una nueva marca de ropa, dirigida a mujeres de NSE alto y medio; dentro de su mantra está un alto grado de calidad, las telas deben ser durables y suaves, los diseños, vanguardistas y originales. El departamento de ventas propone bajar la calidad de la tela para poder competir en un mercado más amplio, y producción sugiere no usar doble costura. Al director general le toca defender la marca, siendo congruente con el posicionamiento buscado, y comunicar una y otra vez su mantra. El compromiso del director poco a poco gestará una cultura de branding. Al equipo le quedará claro qué tipo de acciones cargan o descargan la batería de la marca.

Una empresa está orientada a las marcas cuando el director general, dueño o líder es el principal gestor del branding.

Funciones clásicas de un gerente de marca

Si su empresa es pequeña, de seguro el gerente de marca es usted mismo. Le toca decidir qué productos manejar, si se invierte en estudios de mercado, qué diseño de empaques y catálogos usar, y cuánto podrá invertir en publicidad. Si trabaja en una firma grande multimarcas, será deseable tener a una sola persona que respire y exhale con enfoque el mantra de cada marca. Tradicionalmente en las empresas grandes los gerentes de marca se encargan de:

- Coordinar los estudios de mercado.
- Recabar información de la competencia.
- Analizar los precios de mercado.
- Realizar el plan de mercadotecnia: objetivos, estrategias y plan de acción.
- Supervisar que todos en la organización carguen la batería de su marca.
- Relacionarse internamente con las áreas que manejan su producto: compras, producción, I y D.
- Conducir el trabajo de agencias externas: publicidad, medios, legales, diseño gráfico, etcétera.
- Coordinar las actividades de promoción y relaciones públicas.
- Apoyar a ventas con capacitación sobre su marca.
- Apoyar a ventas en presentaciones con sus clientes.
- Promover desarrollo y mejora de productos y servicios.
- Promover mejora y desarrollo de canales.

El director, gerente, jefe, encargado o como usted quiera asignarle, se vuelve una especie de comandante de su propia unidad de negocios. Es por ello uno de los puestos más importantes en las empresas.

Le comparto un anuncio representativo de contratación de gerente de marca, que apareció en Internet, donde se engloban las funciones típicas de este cargo:

Se solicita gerente de marca

Descripción general del puesto:

Es responsable de desarrollar activamente y comandar marcas a través de planeación estratégica y operativa. Manejar proyectos y lanzamientos nuevos, análisis cuantitativos y cualitativos, actividades promocionales y estudios de mercado.

Responsabilidades principales:

- Desarrollar y ejecutar programas de mercadotecnia, tanto a largo como a corto plazos, asegurando la rentabilidad y expansión de las marcas al implantar los elementos de la mezcla de mercadotecnia.
- Proporcionar planes estratégicos de la marca a tres años, con base en el entorno del mercado y en las etapas del ciclo de vida del producto. Dirigir equipos multifuncionales para desarrollar nuevos lanzamientos de productos y extensiones de línea.
- Desarrollar conceptos, empaques y comunicación para el lanzamiento de nuevos productos y relanzamientos. Preparar investigaciones futuras.
- Crear tablas de resultados de la marca y preparar sus análisis, también desarrollar y revisar presupuestos de utilidad y gastos marginales.
- Retroalimentar a la empresa con información creativa, estratégica y táctica, para elaborar un calendario anual de marca, el cual incluya las actividades promocionales; organizarlo y darle seguimiento a través de juntas operativas. Este proceso debe manejarse *proactivamente*.
- Proveer ideas valiosas mediante el análisis del posicionamiento de la marca, competencia, información de precios e investigación de mercado.
- Identificar las oportunidades y retos que puedan impactar el crecimiento de la marca.
- Preparar materiales para exposiciones, juntas de venta, lanzamientos y promociones.
- Proporcionar recomendaciones y plan de acción sobre cómo controlar el inventario actual.
- Interactuar de cerca con otros departamentos y agencias para asegurar un manejo de proyecto sin contratiempos.
- Acompañar a Ventas para hacer presentaciones a clientes clave sobre los atributos y beneficios de su marca, así como las ganancias que tendrá el canal de distribución al manejarla.

Requerimientos:

- De cinco a 10 años de experiencia en mercadotecnia, publicidad y desarrollo de marca.
- Licenciatura; maestría, altamente deseable.
- Inglés.
- Orientado a resultados.
- Experiencia en liderazgo y trabajo con equipos multifuncionales.
- Experiencia sólida en dirigir proyectos desde su etapa conceptual hasta su ejecución.
- Excelentes habilidades de comunicación verbal y escrita.
- Historia comprobable de planeación estratégica efectiva y seguimiento a su ejecución.
- Habilidades superiores en análisis y resolución de problemas.

El propósito de listar las tareas principales del gerente de marca y el anuncio de Internet es que se cuestione si su principal activo está en las manos adecuadas. Si su empresa, como la mayoría de nuestro país, no puede pagar una contratación de ese tipo, entonces observe qué habilidades de las mencionadas puede usted desarrollar.

Mi experiencia en contratación de gerentes de marca ha pasado por diferentes tipos de perfiles: el de alta competitividad, por el medio donde se ha desenvuelto; el que viene de una escuela de esfuerzo y resultados; el esnob, que sólo gusta de tratar con agencias y no mueve un dedo; el recién egresado, con mucho potencial, pero sin experiencia para responsabilizarse de un proyecto; el altamente creativo y poco ejecutante; el altamente ejecutante y poco creativo; el mercenario que se cambia por unos cuantos pesos; y el que ama y defiende su marca con pasión. No hay recetas únicas para todas las marcas; sin embargo, personalmente he encontrado que la gente proactiva, honesta, que tiene una buena dosis de cultura del esfuerzo, suficiente pasión y un poco de refinamiento, suele ser la mejor. El buen gusto facilita la supervisión de agencias y diseñadores. Tener bajo mantenimiento es clave. Uno quiere alguien que lo sorprenda con ideas y ejecución. En mi caso me he dedicado ha desarrollar a mi propia gente, toma tiempo pero vale la pena.

Recuerde que el encargado de la marca será su comandante, pero el general tendrá que ser el director, dueño, socio principal o líder de la empresa.

Soñar, pasión y talento: cualidades humanas para construir las marcas

Por más recursos económicos que se tengan para crear un producto y comunicarlo a sus consumidores, si no existe atrás el motor para empujarlo lo más probable es que no funcione.

Toda marca exitosa siempre ha tenido atrás una combinación de visión, pasión y talento.

Un marcólogo o el dueño de una marca debe tener una visión clara del futuro. ¿Cómo podrá avanzar si no sabe a dónde va? Menos aún podrá comunicar su rumbo al resto de la organización si él mismo no lo conoce. Siempre existe un grado de incertidumbre sobre a dónde llevará el mercado el posicionamiento de la marca; el éxito a veces está escondido en zonas no predecibles de la mente del consumidor, pero esto no impide comunicar con claridad el camino por seguir y conducir a la marca dentro de su posicionamiento, esencia y mantra. Una cualidad importante del marcólogo es tener la capacidad de leer su entorno y ver el horizonte con los pies en la tierra, de interpretar los estudios de mercado y saber qué es útil y qué no para el desarrollo de su marca, qué ideas son relevantes desde y para el consumidor.

La pasión es un motor incansable que mueve las marcas, la gran motivación que impulsa al producto o servicio hacia el triunfo en el mercado, y que le permite sortear los obstáculos para convertirlos en oportunidades.

La pasión no tiene freno, ni mesura, responde a los ideales más comprometidos de quien la lleva. En muchas empresas se puede leer dentro de sus cuadros de valores: pasión por nuestras marcas. En una de las cervecerías más prestigiadas de México, la mayoría de sus trabajadores defienden su marca de tal manera que se sienten ofendidos si algún familiar consume otra. A un querido amigo, orgullosamente regiomontano, le cuesta trabajo consumir una cerveza del grupo Modelo (que no es de Monterrey), ha hecho suyas las marcas originarias de su ciudad. Este es un ejemplo de una pasión extendida no sólo al departamento de mercadotecnia o al dueño de la marca, sino a toda la organización e incluso extramuros (marca-ciudad). Sin la pasión una marca muere; sin la pasión no hay perseverancia y sin ésta no se puede construir una marca. La pasión es el combustible de la perseverancia.

Alguna vez me tocó servir de enlace para una cita entre una empresa estadounidense y Tamazula (marca de salsas picantes), la primera estaba interesada en comprar a la segunda. En los ojos de la gente de Tamazula pude ver que no sería una compra fácil, tenían la pasión viva por su línea de productos. Viví la misma situación con Tajín, la exitosa marca de chile y salsas de origen tapatío. Enhorabuena para estas empresas, que son excelentes negocios, y qué bueno que no vendieron, hasta ahora. En todas las grandes marcas encontramos una historia de pasión, de esa persona que soñó en crear un producto, que lo vio nacer y luego se dedicó, profesional o intuitivamente, a echarlo a volar. Puede haber continuadores de esa pasión y también mercenarios que piensan más en sus bonos, en los resultados de la bolsa de valores o en ordeñar sin piedad una marca. Estos últimos causan un fuego amigo que acaba lesionando y en ocasiones matando a las marcas.

El talento en el manejo y construcción de una marca es la capacidad creativa para identificar las oportunidades del mercado, para diseñar un producto ganador; es la inteligencia para saber dialogar con el consumidor, buscando sus motivaciones de compra, sus necesidades y deseos. El talento tiene más imaginación que conocimiento, por parafrasear a Albert Einstein, suele ser profundo, pero no complicado. La mayoría de los autores de branding no hablan de las cualidades humanas para crear y conducir una marca, quizá se debe a que han sido consultores o trabajan en agencias, pero no en las empresas. Han visto los toros desde la barrera.

> *El emprendedor que crea una marca, siempre tendrá ese brillo en los ojos que causa el orgullo de su proyecto.*

FACTOR 2. CONOCIMIENTO DEL MERCADO

Las técnicas para conocer el mercado se las dejaremos a los libros y a las agencias enfocadas a esta tarea, muy interesante y profunda de la cual ya platicamos un poco en el capítulo 4. Usted tomará mejores decisiones respecto a su marca cuando se trate de un mercado que domina. Las probabilidades de éxito son mayores donde se conoce al cliente, al consumidor y los productos.

FACTOR 3. PARÁMETROS A LA ALZA

Una ventaja que tenemos los países en vías de desarrollo es que podemos comparar nuestros productos y servicios con los más evolucionados de las culturas mercadológicamente más avanzadas. Usted pensará que es una visión sobrada de optimismo, pero todos sabemos que los países ricos han alcanzado mejores niveles de calidad en sus productos y servicios; sus marcas son un reflejo de ello. La gran paradoja es que ahora la mayoría de sus productos se fabrican en países como el nuestro. La mano de obra, las materias primas, hasta los productos terminados ahora viajan de sur a norte. Podemos producir bienes y servicios con la misma calidad que en cualquier parte del mundo, lo que necesitamos detonar es convertirnos en los diseñadores, ingenieros, investigadores, marcólogos, creadores y emprendedores que se animen a subir sus parámetros y ser dueños de la propiedad intelectual. Usted dirá que esto es una utopía, porque ese tipo de progreso se da con el desarrollo integral de una nación, que genera los talentos y la competitividad interna necesaria para llegar a ese grado de avance, estamos de acuerdo con ello en alguna manera, pero:

> *Para un emprendedor mexicano, el espacio potencial de mejora de sus productos es una gran oportunidad. Tiene más opciones para diferenciarse, producir mejor, satisfacer deseos y necesidades locales, y crear marcas que se carguen de valores tangibles e intangibles.*

Si no lo hacemos nosotros lo harán empresas extranjeras. Muchas de ellas son mundiales porque en sus países ya no tienen mucho campo dónde crecer –ni en población, ni en consumo–. Las empresas de alimentos en Estados Unidos, por ejemplo, crecen a ritmos pequeños de menos de dos dígitos. No pueden hacer que su población coma más; ya tienen un problema de obesidad. Enfocarán sus cañones a países como China, México, India o Brasil. Ellos saben que aquí hay un mercado potencial. Posiblemente en nuestro propio país tengamos más oportunidades de las que pensamos para construir marcas.

Mientras disfrutaba escribiendo este capítulo, tuve que cambiar un par de cunas por un par de camas en mi casa. Acudí a una tienda que vende muebles para niños. Si yo la hubiese visto en (digamos) Dinamarca, hubiera aseverado: no cabe duda que estos daneses saben de diseño. El concepto modular, los materiales de los muebles, los promocionales de punto de venta, el nombramiento de los modelos, la arquitectura misma de la tienda; estaban al nivel de cualquiera en el mundo. La empleada me confirmó que todo era mexicano. No conozco a los emprendedores de esta marca, pero estoy seguro que para llegar al grado de calidad que tienen sus muebles, habrán visitado varias exposiciones especializadas en Europa, o tomaron fotografías de muebles en otros países, o simplemente tienen el talento creativo suficiente para hacerlo sin copiar a nadie. Han de ostentar una pasión por hacer las cosas bien y han llegado a un grado de refinamiento que les permite competir al tú por tú con las marcas de importación. No es la única marca de muebles que ha subido sus parámetros; en los años ochenta existió la marca Clasique, de muebles clásicos, que se volvió un sinónimo de estatus para muchos consumidores de NSE alto. Dupuis también logró una marca basada en llevar los muebles contemporáneos mexicanos a una manufactura de alta calidad.

Subir parámetros para crear marcas, como en los tres ejemplos anteriores, se puede volver un reto interesantísimo en cualquier rama que participe. Asistir a exposiciones, recolectar muestras, y visitar tiendas y páginas de Internet de sus posibles competidores son algunas formas de subir sus parámetros. También se vale invitar a participar en su empresa a personas con otra nacionalidad que aporten una visión de trabajo diferente. ¿Por qué no abrirse a la contribución de otras culturas para subir nuestros parámetros? ¿Por qué no aprovechar su conocimiento para cargar nuestra batería? Eso no implica discriminar el talento local, se vale aprovechar lo externo, la meta es subir los parámetros.

En Verde Valle enviamos cada año a nuestra gente de mercadotecnia a visitar supermercados en Estados Unidos, a veces regresan con una tipografía, la combinación de colores de un empaque, un material nuevo o una idea que dispare otra. Los detalles pueden hacer la diferencia o como alguien ya lo ha mencionado: en la mercadotecnia el diablo está en los detalles. Aunque nuestro mercado principal es México, en Verde Valle cada año nos comparamos no solamente con las marcas nacionales, sino con las de otros países. Nuestra calidad por lo regular obtiene la calificación más alta. Tenemos uno de los mejores arroces del mundo. Los molineros mexicanos y estadounidenses saben que somos la empresa con la norma más exigente del mercado, y como resultado el arroz Verde Valle es el de mayor venta en México, ¡nuestros amables consumidores aprecian la calidad en un producto básico! Tomó tiempo cargar esta batería y tuvimos una ventana única de tiempo para posicionarnos. Ha valido la pena hacer las cosas bien. Si eso se puede hacer con un arroz, lo que podrá lograrse con productos y servicios menos básicos, más diferenciados.

Subir parámetros es un deporte continuo; sus competidores harán lo mismo tarde o temprano y usted tendrá que superarse más. Es una guerra con muchas batallas que lo mantendrán ocupado, así tenga un meritorio puesto de tacos o una industria enorme. La buena noticia es que suele ser un deporte apasionante y divertido que paga dividendos. Enfóquese con una actitud positiva en subir sus parámetros, no en una negativa para ser arrastrado por una ola que se gesta en un mundo plano. Piense que algunas empresas mexicanas han podido enfrentar el reto, ¿por qué usted no?

Si su sector tiene la guerra "perdida" por la abismal diferencia de sus productos y servicios con los que vienen del exterior, hay recursos que puede aprovechar antes de tirar la toalla. Buscar maquilar en otro país y usar su marca, dedicarse a un nicho específico que esté lejos de los tiburones transnacionales, crear marcas con el atributo opuesto, enfocarse a un segmento o a una zona geográfica, y usar un sistema de distribución diferenciado como Atlética (ropa deportiva), Omnilife (complementos alimenticios) o Nice (joyería de fantasía). Una vez atinada la estrategia no deje de intentar subir sus parámetros. Muchas veces no se consiguen los objetivos, parafraseando a Sergio Zyman, por tener una mercadotecnia perezosa. Los creadores de marcas no deben tener ni miedo, ni pereza. Los casos de éxito en la construcción de una marca siempre han partido de tener el arrojo del primer paso y de usar el talento para definirse, diferenciarse, y posicionarse. Subir los parámetros que se apliquen a su producto será la mejor manera de mantener su batería cargada de energía, con valores renovados. El consumidor encontrará razones nuevas para comprar su marca.

FACTOR 4. LA ESTRATEGIA PRINCIPAL

Estrategia es uno de los vocablos más usados en el mundo de los negocios, de las organizaciones, de las campañas políticas y, por supuesto, de la mercadotecnia y las marcas. Con frecuencia se desvirtúa y se pierde su enfoque. Una estrategia en esencia no es otra cosa que la manera de hacer algo, así de sencillo. Deben desarrollarse estrategias para productos y servicios, precios, distribución, promoción, publicidad y para cualquier otra actividad que requiera definir un plan de ataque en el mercado. Usted decide si requiere un precio alto, uno paritario o uno más bajo; también opta por una distribución local, nacional o global; más aún, decide si va a atacar por un flanco o frontalmente, estos movimientos son militares, existen desde la antigua China y siguen aplicándose hoy día. Las estrategias de promoción y publicidad se basan en buscar los mayores resultados de comunicación con la menor inversión. No hay novedad en lo anterior, si usted ha escrito un plan de mercadotecnia sabe que estas son decisiones cruciales para el éxito de su marca.

Lo que me interesa proponer es que se enfoque en la estrategia que domina. Identifique la estrategia principal (EP), que puede o no ser parte del posicionamiento de la marca, pero funciona como la clave del éxito de su negocio, pues es el resorte que apoya a la marca. La EP de la cadena Waldo's es que toda la mercancía se vende a un precio único; la EP de Farmacias Guadalajara es su porcentaje alto de cumplimiento en surtido en un ambiente que invita a comprar; la EP de Elektra es que vende en abonos pequeños a un NSE bajo; la EP de Bimbo es la distribución eficiente y total de pan fresco; la EP de Dell en México es la venta directa y con modelos a la medida, sin intermediarios; la EP de Palacio de Hierro es dirigirse a las mujeres; la de Bachoco es ser los primeros en crear un producto básico con marca, con publicidad muy creativa en espectaculares; la de Walmart※ es ofrecer precios bajos mediante excelencia operativa; la de Aeroméxico es ser confiable y puntual; la de pastelería Marisa es ofrecer recetas accesibles con una imagen chic; la de Cáritas es dar confianza; la de la Unidad de Patología es la rapidez y cercanía con que atienden al paciente; la del grupo Maná es una música fresca, melodiosa, con una voz diferenciada; la de HEB es ofrecer lo mejor de la cultura anglonorteña; la de Oxxo es ofrecer conveniencia (cercanía) para consumir bebidas y botanas. La EP es la manera de instrumentar el triunfo de la marca en el mercado.

Tener claro la EP que está atrás de su marca le permitirá diferenciar entre cómo es percibida su marca por el consumidor y el soporte que usted tiene para defenderla de una manera única.

FACTOR 5. PRIMERO CATEGORÍA, LUEGO PRODUCTO Y AL FINAL MARCA

Ya vimos la importancia de ser el primero en una nueva categoría, de ser un cazador de posicionamientos; de eso depende en gran medida el éxito de una marca nueva, pero ello no basta. ¿Alguna vez le ha tocado comprar un disco por su portada y que la música no sea tan buena? ¿Ha entrado en un restaurante cuyo nombre y decoración prometen, pero la comida es una desilusión? No hay marca sin antes tener un buen producto o servicio. Una marca se crea a partir de la experiencia de prueba del producto con el consumidor. Si la experiencia es buena, incluyendo la ecuación de valor, el consumidor volverá a adquirir el producto, de lo contrario, olvídese de una segunda oportunidad. Si la experiencia es satisfactoria, la mente puede comenzar a adjudicar valores a la marca, se comienza a cargar de energía la batería y se inicia una relación emocional a largo plazo con la marca.

En 2005 Lala quiso abrir una nueva categoría dentro de los lácteos en cartón aséptico, introdujo al mercado su marca Licuado. El mensaje publicitario en espectaculares era muy bueno, emulaba una licuadora casera con el producto, refiriendo que sabía como los que se preparan en el hogar, luego siguió una versión *light* en 2006; sin embargo, el sabor realmente no se parecía a los licuados preparados en casa, la campaña de publicidad fue más que el producto. La promesa era buena, la marca también, el producto no tanto. Vale decir que pocas empresas en México han tenido la superación en branding como Lala, pero a mi juicio en ese lanzamiento no acertaron. Primero categoría, luego producto y después la marca.

El éxito de una empresa como Procter & Gamble se identifica con las grandes sumas que invierten en publicidad. La verdad es que, gran parte del secreto de que sus marcas vayan tan bien reside en desarrollar y mantener productos superiores a los de sus competidores; por ejemplo, el detergente Tide, en Estados Unidos, ha sido mejorado 55 veces en un lapso de 30 años. P&G no ha dejado de cargar energía en sus marcas al ofrecer productos en los que el consumidor percibe valores tangibles e intangibles relevantes.

Algunos abogados recién egresados deciden crear un despacho con diferentes giros legales: laboral, mercantil, corporativo, penal y fiscal. Acuerdan contratar una agencia de mercadotecnia (inusitado en este giro) que les diseñe una imagen moderna, pero discreta, que dé confianza. Usan un nombre adecuado, apoyado en los apellidos más nemotécnicos del grupo y tienen un buen manejo de relaciones públicas (medio ideal para comunicar este tipo de negocios). Todo está bien, mas su marca depende de la energía que acumulen en su batería por los casos ganados, no de la imagen ni las relaciones públicas. Las marcas de los despachos de abogados más prominentes en México se han creado por los casos ganados, no por su imagen, ni las mancuernillas de las camisas de sus integrantes.

La marca-persona de un médico en México no se conoce porque se atreva a salir en un comercial (al estilo gringo) o a anunciarse en la sección amarilla, se construye por el acierto de su diagnóstico, su éxito en cirugía o sus contribuciones de investigación y ponencias. Luego su divulgación. De hecho en este caso particular, el anunciarse directamente puede debilitar la marca, la gente podría decir: si este doctor se anuncia es porque es malo, no ha de tener pacientes. La marca se crea por la calidad del servicio prestado, el humanismo y la efectividad. La marca se da a conocer de boca en boca. Así, una vez más, primero producto (o servicio), luego la marca.

En 2005 escribí que en la colonia Providencia de Guadalajara había un puesto de tortas —lonches bañados, como se dice en esta ciudad— que se había ampliado a una casa grande. Siempre estaba lleno y sus comensales eran aficionados a sus deliciosas tortas. La marca era débil (marca involuntaria), se llaman Karlos, que era un tanto inocente, pero conectaba. Citaba que tenía valores intangibles de informalidad que agradaba al consumidor tapatío, así como los valores tangibles de sabor y textura. El producto era mucho más que la marca. Aconsejaba que podían desarrollar su marca y extenderla en otras zonas de la ciudad o el país. Es más fácil crear un producto y luego construir la marca, no al revés. En el caso de Lonches Karlos escribí: no estoy seguro de que le convenga convertirse en el McDonald's de las tortas, me refiero a empaques, tienda, imagen, computadoras, juegos, personaje, etc., porque abandonaría sus valores exitosos de "puesterismo" e informalidad, los cuales coinciden con la promesa de su marca. Se puede dar un mayor énfasis a pequeños detalles y expandir el concepto a otras zonas, aprovechando que ya existe una marca. La buena noticia es que en 2010 este sencillo pero exitoso negocio ya había comenzado a abrir atinadamente varias sucursales, con la pasión de su segunda generación. Cito este ejemplo con todo el propósito de alentar a los propietarios de pequeños negocios exitosos a crecer cuidando su marca.

Ahora mi apuesta va por ¼ de kilo; un negocio que comienza con producto y marca a la vez, localizado en el centro de Guadalajara. Su creador Álvaro Aguilar (marcólogo por nacimiento) asegura que no vende hamburguesas sino ¼ de kilo y lo repite hasta el cansancio. Las ¼ de kilo están asadas en una parrilla rotatoria patentada por Álvaro y su socio, tienen un delicioso sabor a carbón. Al que se come dos, le toman una foto y la cuelgan en el local. Además tiene una excelente ecuación de valor, no son nada caras. Son categoría nueva, producto nuevo y marca nueva.

En otros tamaños de negocio, Yakult no tiene bonito envase, sin embargo el producto ha creado la marca; de hecho es ahora una supermarca; Maruchan tuvo una publicidad muy mala en su inicio, pero el producto hizo debutar una categoría, se posicionó como conveniente, indulgente, barato y sabroso, así se creó la marca; Rotoplas no necesitó grandes campañas de mercadotecnia, sus tinacos de plástico más ligeros, prácticos y sin asbesto fueron una buena innovación. Estas marcas se hicieron con base en la experiencia de prueba del consumidor. Primero categoría, luego producto y finalmente marca.

El producto ocasiona una experiencia de prueba, la marca comunica. Ambos son fundamentales, pero aquí el orden sí altera el resultado. No piense en la comunicación antes de saber que tiene un producto ganador.

Las marcas que se crean sustentadas solamente en diseño, gasto publicitario, promociones, precios bajos, conveniencia de distribución y demás factores, pero que no resuelven una necesidad, que no se posicionan por una ventana de tiempo para inaugurar una categoría, que no tienen una promesa relevante, que no tienen una excelente calidad; fracasarán. Por el contrario, hay giros de negocios que están desperdiciando la posibilidad de crear una batería y cargarla de energía, que tienen muy buenos productos y servicios, pero no conocen las bondades del branding. Estas son oportunidades grandes para crecer, pero que están desaprovechadas.

En los años noventa se lanzó el detergente Mas color, el primer líquido, con una buena fórmula, color, empaque y nombre. Su fundador Víctor Dávalos (q. e. p. d.), diseñó su producto a partir de unas lavanderías locales en Guadalajara. Luchó para construir su marca, desafiando las grandes marcas transnacionales de detergente; me consta. Nunca dejó de creer en su producto, de mejorar la fórmula y el empaque. Los Dávalos se asociaron con gente que podía apoyar con publicidad y acabaron vendiendo el negocio en alrededor de un millón de dólares (un regalo para el potencial de la marca), que se revendería posteriormente en cerca de 90 millones de dólares a Química Henkel. Primero fue la fe en innovar, en crear una nueva categoría, en hacer un gran producto; luego siguió la perseverancia, la publicidad (*desempólvate* rezaba su campaña, diferenciándose de los tradicionales en bolsa) y las extensiones de línea. Tomó muchos años, pero se logró. Ahora se han dado el lujo de extender su línea a más productos (como bebés y ropa blanca), sin abandonar su posicionamiento de detergente líquido. Una vez más, primero categoría, después producto y luego marca.

FACTOR 6. LOS NÚMEROS

Marcólogo organizado vale por dos, o quizá por más. Tener los números de nuestra marca al día es algo así como monitorear sus signos vitales. La mejor recomendación a mis gerentes de marca es hacer un listado descendente de toda la información relevante con que cuenten de ventas, costos, contribución, catalogaciones, precios en el mercado, participación y cualquier otro dato que permita tener una mejor fotografía de lo que está pasando con nuestra marca; o que pueda compararse para sacar conclusiones. Lo menciono porque muchos gerentes de marca son adictos a obtener datos, pero pocas conclusiones ejecutables. Y es que usted puede hacer una tabla de resultados con los principales indicadores que a simple vista le permitan observar qué está pasando con su marca para tomar acciones. El formato que decida está bien, si no tiene grandes recursos en sistemas que le provean informes en línea, o no tiene mucha información sobre el mercado, no importa, comience con lo elemental: ventas en volumen y dinero, márgenes y presupuestos.

Con esta disciplina en marcha, acostumbre un día a la semana o al mes para revisar los números con su comando de marca. Aliente a su equipo a apasionarse por los resultados numéricos. Si lo fuerte de su marcólogo se da en el campo de batalla o en la creatividad, le sugiero que integre al comando de marca a alguien que guste de los números; si su marcólogo tiene trabajando los dos hemisferios de su cerebro en lógica y creatividad, maravilloso, si no, mejor sáquele el máximo provecho a sus habilidades naturales y apóyelo con alguien que lo complemente.

El reto dentro de un mundo de mensajes

CÓMO OCURREN LOS CONTACTOS DE LA MARCA CON EL CONSUMIDOR

Ya sabemos qué es una marca y de qué está compuesta, cómo vive en la mente de los consumidores y qué factores se requieren para posicionarla, pero ¿cómo comunicarla? ¿Cómo lograr que la carga de su batería sea conocida por el consumidor? Pasemos ahora del lado de una consumidora.

Sonia

Mujer de 28 años, soltera, que trabaja como diseñadora gráfica en una revista en la Ciudad de México, con un ingreso de $20 500.00 mensuales y comparte un departamento en la colonia Del Valle con una amiga. En un día común, Sonia se levanta y desde ese momento comienza a recibir mensajes tangibles o intangibles de marcas: apaga su despertador marca Sony, se cepilla con Crest porque le gustó el empaque cuando fue al supermercado, se rasura las piernas con Bic por económica y práctica (buena ecuación de valor), se baña con Dove porque le agradó el genial anuncio con modelos comunes a cualquier mujer (mensaje relevante) y le agrada su suavidad (primero producto y luego marca); y con Pantene porque es el que le recomendó una amiga (publicidad de boca en boca), se unta crema Lubriderm porque le gustó una muestra que venía en una revista (prueba de producto), usa una toalla femenina marca Naturella con manzanilla porque le agrada todo lo natural (identificación con la personalidad de la marca), no alcanza a desayunar, pero se lleva una barrita multigrano-linaza de Bimbo, la cual consume debido a un artículo que leyó sobre los beneficios de la linaza (publicidad gratuita). En el trayecto a su trabajo un espectacular de librerías Ghandi le llama más la atención que otros por su buena ejecución creativa, se detiene un momento a tomar un café en un Starbucks, adentro vive una experiencia total de marca y sale con una bolsa de café de Colombia (marca-país). Llega a su trabajo y sigue interactuando con otras marcas como Telcel, 3M, Apple, Danone, Bonafont, etc. Sonia identifica el olor de una loción Keneth Cole en un compañero de oficina que le agrada, y le refiere una carga positiva a la batería de esa marca; recibe a un proveedor de artículos de oficina y cómputo que le entrega una tarjeta con un logotipo muy vistoso y bien diseñado; enciende su computadora HP como todos los días; acude al baño donde los muebles son marca Vitromex; y mientras se pinta los labios con Revlon ve por la ventana unas vallas que anuncian Gran Plan de Aeroméxico. Regresa caminando en sus zapatos Aerosoles (posicionamiento en comodidad) que compró en un viajecito que se pagó al otro lado, abre el periódico *El Universal* porque le interesa cambiar su auto y decenas de marcas que ahora se ofrecen en México le brincan con diferentes atributos y beneficios; ella es visual, quizá decida por el color y el precio (beneficios tangibles y ecuación de valor). Así continúa todo el día, entrando en contacto con marcas consciente o inconscientemente.

¿Imagina cuántos mensajes recibe Sonia todos los días? Imagine la dinámica de marcas que cargan y descargan su batería a cada momento, sobresaliendo por los diferentes aciertos del branding y la mercadotecnia. ¿Imagina la mente de corto plazo de Sonia la cual selecciona lo relevante para ella? Piense en su memoria de largo plazo archivando información.

VOZ ALTA, OÍDOS LEJANOS

La premisa para tener éxito en la comunicación de una marca hoy día es entender que uno puede pensar que está haciendo un gran ruido en comunicarla y lo más seguro es que, allá afuera, el consumidor apenas si escuchará una débil voz. Sonia, como todos los consumidores, crea filtros para no verse saturada con tanta información sobre productos y servicios, tiene dedos que cambian las estaciones durante los comerciales que no le interesan a sus oídos; ojos que perciben sólo lo que realmente le llama la atención. Su ingreso económico no crece, y los productos y servicios buscan una manera de ser más atractivos para ella. La publicidad también. Las marcas tienen momentos de contacto limitados, hay que aprovecharlos y conducirlos con talento y perseverancia. Entonces la comunicación es un juego de expertos, donde debe dedicarse todo el talento para que los recursos destinados sean bien aprovechados y para que la creatividad sea relevante, que conecte con las necesidades y deseos de los consumidores.

DÓNDE ESTÁ MI MARCA Y CUÁNTO PUEDO INVERTIR

Hay algunas preguntas fundamentales que podemos hacernos antes de comenzar a planear la mercadotecnia y la comunicación de una marca: ¿en qué fase está mi marca?; ¿cuánto puedo invertir en ella? y ¿qué pretendo lograr con mi comunicación?

Una marca en fase de lanzamiento requiere ser una noticia, traer la novedad al mercado, llamar la atención, y generar compra y recompra a través de atributos relevantes y significativos para el consumidor. Una marca cuando ya es conocida, requiere mantenerse viva y vibrante en la mente del consumidor, requiere refrescar sus beneficios; sin romper con su posicionamiento puede usarse una estrategia creativa: racional o emocional. En otro escenario, una marca en declive debe agregar nuevas razones para que el consumidor no deje de comprarla, debe actualizar su personalidad a los nuevos tiempos, encontrar un reposicionamiento relevante. La opción final es crear una categoría nueva con una marca nueva y comenzar otro ciclo.

En Verde Valle nos tocó empezar a hacer marca en dos productos difíciles de diferenciar (arroz y frijol) con cero publicidad. Los presupuestos bajos son la realidad de la mayoría de las empresas mexicanas, pero no habría que verlo como un obstáculo sino como un reto a la imaginación y a la creatividad. Hay muchas acciones que uno puede hacer sin dinero, como cazar los posicionamientos hasta encontrar uno relevante; mejorar los empaques y el diseño; preparar un folleto que resalte los productos con un buen diseño; hacer todo lo posible por obtener el mejor lugar en un anaquel, buscar las exhibiciones en punto de venta, tratar de aparecer en los folletos promocionales de las cadenas, trabajar en una campaña de relaciones públicas para que terceros hablen de su marca sin costo, hasta regalar algunas muestras. Lo más importante es cargar toda la batería posible en diferenciar el producto y hacer evidentes esas ventajas al consumidor. Pastelería Marisa en Guadalajara nunca gastó mucho dinero en publicidad, pero se dedicó a hacer los mejores postres a un precio accesible, e invirtió en sus albores no más de $20 000.00 en crear una diferenciación gráfica con un toque de elegancia y buen gusto. La marca se fue comunicando de boca en boca, como los buenos restaurantes. Este es otro ejemplo de cómo comunicar una marca sin mucho presupuesto.

Cuando hay un presupuesto mediano (usted póngale la cantidad) se desea que la inversión, tan apreciada, no se vaya por la alcantarilla, que rinda lo más posible; entonces la relevancia del mensaje es clave, también la manera de comunicarlo. Es posible concentrarse en una zona para hacer una campaña que permita de ahí crecer a nivel nacional o internacional. Hay muchas empresas que prefieren no gastar un presupuesto pequeño porque temen que no se obtenga ningún resultado, más bien pienso que se trata de un miedo a la creatividad. Con presupuestos medianos usted debe hacer todo lo posible por comunicar su marca como si no tuviera nada de presupuesto, es decir, estirar al máximo su trabajo de publicidad de boca en boca, de muestreos y aprovechar el dinero que se tiene para crear una experiencia de marca. Durante 2006, cuando en Verde Valle necesitábamos seguir apoyando a nuestra marca Isadora y no teníamos, ese año, mayores recursos para combatir en el terreno de la TV (dominado por otras marcas), nos propusimos invertir en actividades *below the line* (sin medios masivos). La estrategia era tener mucho cuidado en que todos los detalles de la ejecución fueran bien manejados tanto en punto de venta como en degustaciones y eventos masivos. Así se crea una experiencia de marca.

También se pueden hacer lanzamientos muy concentrados a través de medios masivos en pocos días. Para ello se requiere un mensaje llamativo y relevante, ya que la poca duración de la campaña no ayudará en su *memorabilidad*. La clave es no tener miedo a comunicar.

Por último, usted puede tener millones y millones de pesos para gastar en comunicar su marca y su mayor reto debe ser que se aproveche hasta el último centavo para así obtener la mayor resonancia posible; para que Sonia lo oiga con claridad.

Me ha tocado presenciar cómo alguna transnacional permite a sus ejecutivos de marca gastar sumas exorbitantes en medios masivos con pocos resultados. Puede que a las grandes empresas no les duela el bolsillo y ponen poco cuidado en tener un buen mensaje y, así, aunque tienen mucho tiempo al aire, sus anuncios no conectan con el consumidor.

CONTACTOS DOMINANTES Y SECUNDARIOS

Ya expusimos que una marca se compone de valores tangibles e intangibles, racionales y emocionales. ¿Cómo se ligan con el consumidor? Una marca puede comunicarse a través de su nombre, su identidad gráfica, su empaque, su publicidad, pero también con la forma en que la empresa atiende a su cliente, con la innovación de sus productos y hasta con los más mínimos detalles Todos estos elementos cuando son percibidos por el consumidor producen un contacto.

Un contacto dominante es aquel que tiene más posibilidad de ser apreciado por el consumidor, el que carga más la batería de la marca en su mente. En el caso de Sonia haber recibido una muestra gratis de Lubriderm significa un contacto dominante, una experiencia de prueba con la cual verifica el producto. También el haber visto el anuncio de Dove con mujeres que no tienen que ser modelos de cuerpos despampanantes, tiene una relevancia alta por su originalidad y posicionamiento humano; ocurre así otro contacto dominante. El empaque de un café de Starbucks, lleno de colorido, con un diseño gráfico elegante y distintivo, donde se habla de su origen y mística, conecta con la personalidad de Sonia. El empaque produce un doble contacto con el consumidor, llama su atención para comprarlo y convive con él cada vez que lo usa; ocurre otro contacto dominante.

Un contacto secundario es aquel que apoya la construcción de la marca, pero el consumidor lo percibe en menor grado, es una carga pequeña a la batería de la marca. Cada mañana que Sonia ve la imagen *cool* de su despertador Sony, se suscita un contacto secundario con la marca. Asimismo sucede con el contacto rápido que tuvo con la tarjeta de presentación que recibió, al percibir el logotipo, muy bien ejecutado, dándole cierta confianza; por supuesto, después siguen el servicio y la ecuación de valor.

Cuando Sonia visita un Starbucks percibe valores tangibles e intangibles, dominantes y secundarios que crean toda una experiencia sensorial de la marca, desde la decoración, el contacto manual con los granos del café, el aroma y sabor a café recién hecho, la música (jazz, fusión, del mundo, urbana), la colocación de sillas y sillones, la mezcla de materiales como madera y metal, el colorido contemporáneo, las leyendas e iconografía en empaques y material de punto de venta. Starbucks es una sinfonía de contactos secundarios y dominantes. Además Sonia siente la personalización del servicio al ser llamada por su nombre para recibir su capuchino *light* descafeinado. En México ya vimos que también la marca Starbucks significa pertenencia a una cultura global; para bien o para mal. Starbucks no vende café en el sentido estricto, vende una experiencia y dentro de su mantra está que sus parroquianos tengan momentos gratificantes todos los días; en México se ha convertido además en un punto de reunión conveniente. Es una marca cargada de poderosos valores tangibles mediante una comunicación llena de contactos secundarios y dominantes. Esta marca de café (producto y sitio) no gasta grandes sumas en publicidad, ya vive de la energía que produce una batería cargada a diario a nivel global.

Desde luego los contactos dominantes son fundamentales en su ejecución para construir la marca, pero requieren el apoyo de todos los detalles o contactos secundarios para crear una experiencia total.

Un marcólogo debe cuidar y alentar con pasión ambos tipos de contactos para crear una experiencia total de marca.

El branding trata de construir la marca a través de los contactos de ésta con el consumidor; el proceso de contactos carga la batería por asimilación en la memoria de corto plazo y archivo en la de largo. El éxito de la comunicación estriba en que cada vez que ocurra un contacto dominante o secundario, tangible o intangible, éste ayude a posicionar la marca en la mente del consumidor.

En los años noventa me tocó atestiguar la caída de una cadena de hamburguesas en Guadalajara. Comenzaron por usar envolturas genéricas y condimentos "marca patito", las hamburguesas sabían igual que siempre, pero daba la sensación de que algo mal estaba pasando con su marca. Los contactos secundarios empezaron a afectarse, luego siguieron los dominantes: cerraron varios puntos de venta y bajaron la calidad de servicio al cliente, las colas eran desesperantes. El fracaso de la marca fue contundente, dejaron de cargar su batería, subrogaron los contactos con el consumidor para ordeñar la marca.

Mientras escribía este capítulo me tocó presenciar cómo los dedos de un supervisor recorrieron por debajo las mesas de uno de los cafés de Starbucks, tratando de ver si el encargado del establecimiento cuidaba el que no hubiera chicles pegados. No es fortuito que a esta marca le vaya tan bien. No es casualidad que Sonia la haya escogido como su rutina preferida. La marca tiene mucha energía cargada en su batería. Starbucks no cobra $35.00 por una taza de café, lo hace por una experiencia sensorial de marca. Sonia paga sin advertirlo por todo ello y está satisfecha con la ecuación de valor.

Es importante insistir, por obvio que parezca, que los contactos ocurren como consecuencia de acciones previas. Si está construyendo una marca de camisas, cargó su batería desde el momento en que el diseño, los materiales y la manufactura fueron los adecuados. Luego, el contacto se da cuando el consumidor usa la prenda y tiene una buena experiencia de prueba del producto. Usted sigue cargando su batería al invertir en el diseño de un buen logotipo y en un buen nombramiento. Ha preparado su marca para cuando llegue el momento de un contacto con el consumidor.

La buena operación de la marca es fundamental para producir contactos. Una fuerza de ventas y distribuidores que saben colocar la marca de frente al consumidor, ayudan a crear la experiencia de marca.

En Verde Valle comenzamos como distribuidores de algunas marcas, luego creamos las nuestras. Desde 1967 la empresa tuvo una vocación aguerrida en el punto de venta, poco a poco articulamos un equipo de promotores y vendedores para cargar la batería de la marca y producir millones de contactos con el consumidor cada mes. La manera en que se exponen los productos en un anaquel o en una exhibición especial produce contactos dominantes con el consumidor. El diseño del empaque refleja el posicionamiento y la personalidad de la marca, también produce contactos dominantes. El enfoque de ventas produce la mayor rotación posible a través de las exhibiciones, el enfoque de branding produce la mayor cantidad de contactos dominantes y secundarios para construir la marca. Ambos se complementan, no habrá ventas a largo plazo sin marca, ni marca sin ventas.

Un plan para triunfar

ESTRUCTURE LA INFORMACIÓN Y ELABORE UNA GUÍA QUE DÉ CERTIDUMBRE PARA CONSTRUIR SU MARCA

Ya vimos cómo se da la comunicación de las marcas en un mundo lleno de mensajes y la importancia de cuidar los contactos, pero ¿qué hay detrás de una comunicación sólida, clara y, por ende, exitosa? ¿Qué hace que algunas empresas comuniquen mejor su marca que otras? ¿Cómo ordenar las variables de la mercadotecnia para que produzcan resultados en el mercado? ¿Cómo planear las cargas de la batería y los contactos dominantes y secundarios?

PRIMERO EL PLAN

Plan y ejecución son importantes por igual. El primer paso es escribir y comunicar un plan para triunfar, uno claro, bien definido, diferenciado, talentoso, desafiante y que pueda ejecutarse maximizando el uso de nuestros recursos.

La planeación suele ser un área de oportunidad para nuestra idiosincrasia latina. Algunas de las diferencias más marcadas entre la cultura de negocios mexicana y la estadounidense o la europea es la relevancia que se le da, en las últimas, a planear. Los estadounidenses no son más talentosos que nosotros, son más ordenados, respetan una estructura, un plan y así avanzan más rápido. Podemos aprender de esta herramienta y potenciarla con nuestro ingenio y ejecución.

El plan de mercadotecnia y de marca son brazos de la planeación estratégica de las empresas. En las organizaciones orientadas al branding éstos cobran una importancia mucho mayor. Uno no sustituye al otro. Planear no significa evadir los riesgos (hay que tomarlos), sino buscar el mejor camino para enfrentarlos. Sea muy positivo al respecto, use todo el talento para planear y enfóquese en lo que importa más.

Una marca debe tener antes de su comunicación un plan de mercadotecnia y un resumen de marca muy claros. Sobre este tema se han escrito varios libros y guías, así que me centraré en sugerir lo que he constatado que en la práctica funciona mejor.

1. Organice su información de mercado

Tenga toda la información básica de su mercado, clasifíquela y acostúmbrese a darle un orden descendente a todos los datos: tamaño del mercado, tamaño de categoría, ventas de cada marca, ventas de productos, posición de zonas de venta. También obtenga toda la información cualitativa que sea posible: ideas clave del consumidor, lo que le agrada y lo que le desagrada sobre su marca.

2. Mantenga un resumen ejecutivo actualizado

Escriba un resumen con la información anterior, actualícela cada año o cada que suceda algo relevante que afecte a su marca, vea qué cambios se registran en el consumidor y en el mercado, y escriba qué implicaciones tienen para su marca.

3. Escriba su plan de mercadotecnia con talento

El poner el calificativo de talento significa dedicar la inteligencia de varias personas a debatir las estrategias hasta encontrar aquella que resulte como triunfadora. Cuestione y debata hasta que una le haga clic. En un plan de mercadotecnia suelen incluirse:

- Situación del mercado:

    – ¿Dónde estoy?
    – ¿Contra quién compito?
    – ¿Qué tendencias hay?

- La oportunidad:

    – ¿Qué tan grande es mi mercado?
    – ¿Qué tan fácil o difícil será conseguirlo?

- Objetivos numéricos y de mercado:

    – ¿Cuánto pretendo conseguir de participación?
    – ¿Cuánto creo poder vender y ganar?

- Mercado meta y segmentación:

    – ¿A quién le voy a hablar?
    – ¿Cómo es mi consumidor?
    – ¿Usa actualmente la categoría?

- Posicionamiento:

– ¿Qué lugar quiero ocupar en la mente de mi consumidor meta?
– ¿Qué valor específico me diferencia de las demás marcas?

- Estrategias:

  – ¿Cómo aterrizar la creatividad y el posicionamiento en ideas concretas?
  – ¿Qué fórmula pretendo ganar en el mercado?

- Estrategia de precio:

  – ¿Más caro, igual o más barato en función de lo que ofrezco?
  – ¿Cuánto?
  – ¿Voy a ofertar?

- Estrategia de producto:

  – ¿Qué tiene mi producto de ventaja sobre los demás?
  – ¿Qué lo hace único y relevante para el consumidor?

- Promoción:

  – ¿Qué actividades promocionales voy a usar para atraer el consumo? ¿Demostraciones, folletos, material punto de ventas?

- Publicidad:

  – ¿Qué tipo de publicidad debo usar: emocional, racional, *hard sell*, humor, analogía?
  – ¿Con qué presupuesto y qué frecuencia?
  – Si tiene el presupuesto suficiente: ¿con cuántos GRP (puntos brutos de raiting)?
  – ¿Qué mezcla de medios: TV, Internet, radio, revistas?

- Distribución:

– ¿Dónde voy a distribuir mi producto?
– ¿Voy a comenzar con un mercado piloto o voy a nivel nacional?
– ¿En qué canal me interesa entrar: institucional, de consumidores? ¿A través de quién?

- Relaciones públicas:

    – ¿Puedo hacer que alguien hable de mi producto de manera gratuita (*publicity*)?
    – ¿De qué manera puedo generar una noticia para que mi mercado meta me conozca mejor?

- Resumen de comunicación:

    – ¿Tengo una sola hoja a la cual pueda acudir todo aquel que necesite hablar de mi marca?

- Plan de acción:

    – Sin demasiado detalle, ¿tengo una tabla con actividades, fechas y responsables?
    – ¿La actualizo de modo permanente?

4. Escriba su resumen de marca

Éste servirá para tener una comunicación consistente y poderosa, el cual debe incluir:

- Mercado meta:

    – Igual que el plan de mercadotecnia.

- Valores generales:

- ¿Cuáles son las características principales de la categoría en que participa?

- Valores específicos:

  - ¿Cuáles son las características únicas de su marca que la diferencian de las demás?
  - ¿Tienen la suficiente relevancia?

- Posicionamiento:

  - Igual que el plan de mercadotecnia.

- Esencia:

  - ¿Cuál es el alma de su marca?

- Personalidad:

  - ¿Qué características humanas tiene su marca?

- Guía de identidad gráfica.
- Tabla donde especifique contactos dominantes y secundarios.

Ambos escritos deben ser lo más breves y significativos, no más de 10 hojas en PowerPoint, con ideas clave, sencillas y fáciles de entender. Hace 25 años comencé a escribir planes de mercadotecnia de decenas y decenas de hojas, con cientos de explicaciones. Nadie las lee, ni uno mismo. Los conceptos mientras más sencillos y significativos pueden ser entendidos por más gente dentro y fuera de su empresa. El plan de mercadotecnia y resumen de marca son útiles para un puesto de tacos al igual que para una gran organización. Si no conoce todos los datos, haga lo que pueda, es mejor iniciar con algo. Al final del plan puede hacer un resumen de comunicación; se trata de la hoja que comunica de una manera condensada el qué y cómo de su marca.

El plan le ayudará a que su marca triunfe en el mercado, pero también le hará conocerla mejor. Orden genera orden y conocimiento.

HAGA UN EVENTO DE LA PRESENTACIÓN DEL PLAN

Realizar un evento de presentación del plan de mercadotecnia es una herramienta para hacerlo más memorable, para motivar a los participantes en la construcción de la marca, para informar el camino que hay que seguir. Se trata de sumar a favor del posicionamiento buscado y de las estrategias por ejecutar. No escatime en organizar este evento. Produzca una experiencia de marca al llenarlo de contactos dominantes y secundarios. En este caso serán dentro de su organización, no hacia el consumidor. No importa que su presupuesto sea mínimo, se pueden producir eventos memorables con bajo costo, con estandartes que muestren la marca; con una buena presentación en PowerPoint, con imágenes y pocas palabras; con música que motive antes, durante y después; con algún artículo promocional bien logrado que use la marca; por mencionar las ideas más sencillas.

Asegúrese de que la gente entienda lo que más importa sobre su marca, que conozca el posicionamiento y el mantra, a tal grado que si usted le hablara a las cuatro de la mañana y le preguntara cuáles son, ésta pueda decirlo sin duda. No asuma que con presentarlo una vez es suficiente, está comprobado que una persona promedio sólo recuerda 10% de lo que escuchó en una presentación después de 48 horas. Mientras más bajo sea el nivel de preparación escolar, use menos información y más frecuencia de repetición durante el año.

Nike repartió unas tarjetas con el mantra de su marca a todos los empleados, pocas palabras. ConAgra, una de las empresas líderes en alimentos de Estados Unidos, hace reuniones en vivo con todos sus empleados usando la tecnología de la Internet. En Verde Valle hacemos juntas de lanzamiento por regiones, nos encargamos de que cada promotor y vendedor se entere con claridad de los objetivos de la marca a nivel punto de venta, luego se publican los planes en nuestra intranet, tratando de que sepan cuáles son sus objetivos y sus premios, pero también de que tengan una inmersión en la marca. Jorge Vergara (marca benefactora) usa testimoniales y presentaciones personales para mostrar el camino que se debe seguir en el multinivel, a través de canales de TV en satélite a sus distribuidores. Trate de aterrizar los conceptos del plan en palabras sencillas, no asuma que toda la gente conoce la terminología del branding y la mercadotecnia.

Debe compartir su plan de mercadotecnia y su resumen de marca con las personas que estén involucradas en crearla. Firme convenios de confidencialidad si es necesario, pero preséntelo. Recuerde que todos intervienen en la construcción, así que deben conocer cómo cargar energía a la batería, cómo producir contactos.

Cómo se comunica la marca

CÓMO DAR A CONOCER Y MANTENER VIVA UNA MARCA EN LA MENTE DEL CONSUMIDOR

Anteriormente vimos que una marca comunica en todo momento y mediante múltiples contactos; que es necesario tener un plan de mercadotecnia y un resumen de marca. A través de la ejecución de éstos se garantiza que la construcción de la marca, mediante su comunicación, logre el posicionamiento que buscamos en la mente del consumidor.

Así tengamos un pequeño negocio o una gran empresa, hay que tener muy claro el fondo y la forma en la que queremos comunicar nuestra marca. Guardar un orden es esencial y tener el plan también. La mayoría de nuestras marcas en México crecieron de modo orgánico, se comunicaban por su necesidad de vender. Ahora, insertos en una era más competida y global, necesitamos elevar nuestros parámetros al comunicarnos.

IDENTIDAD GRÁFICA, LA ESTÉTICA DE LA MARCA

En los años ochenta me tocaba visitar algunas zonas de ventas, llegué a Hermosillo a presenciar una demostración de Verde Valle en una cadena local. Tengo grabada en la mente una ejecución dejada en manos de nuestro bien intencionado vendedor: un carrito malogrado, el logotipo recortado y pegado con cinta adhesiva y una demostradora que había comprado un uniforme ahí mismo en la tienda. Por si fuera poco, habíamos contratado unos payasitos patéticos para dar a probar un nuevo arroz. No había un plan, menos una manera clara de dar a conocer la marca. Una descarga a nuestra batería y riesgo de hacer contactos negativos con el consumidor. A partir de ese día me volví un apasionado de comunicar adecuadamente nuestra marca.

En nuestras ejecuciones de planes de mercadotecnia, hoy día, se respetan los elementos gráficos que provienen de la guía de identidad; se proporcionan resúmenes de comunicación a nuestras agencias; se revisan una y otra vez los materiales que saldrán al mercado; y se tiene una lista de verificación para que los materiales coincidan con la personalidad y el posicionamiento de la marca. Narro mi experiencia, no para las grandes empresas –que ya cuentan con un sistema de trabajo establecido–, sino con el propósito de evitarle tropiezos a las marcas que comienzan a abrirse paso en el mercado.

La guía de identidad gráfica es un trabajo creativo donde debe dejarse trabajar a la agencia de diseño con libertad, pedir que hagan varias opciones y exigir hasta que uno se sienta satisfecho con ella.

Los logotipos son un elemento de la marca y un instrumento de comunicación por sí solos, se vuelven iconos de referencia cuando las marcas están finalmente construidas. El ojo humano detecta más figuras e imágenes que letras. Un osito Bimbo dispara una cantidad de emociones hacia sus consumidores. Un escudo del equipo Monterrey o las letras tradicionales de cerveza Corona conllevan los valores de la marca y comunican de inmediato su presencia.

Hace años, varias marcas de arroz comenzaron a copiar los colores de Verde Valle, que están registrados con su identidad gráfica desde 1967. Realizamos entonces dos estudios para probar la fuerza de nuestra identidad gráfica y demandar a quienes estaban invadiendo nuestros derechos. La primera prueba consistió en una cámara que caminaba por el pasillo de un supermercado, el color amarillo era el primero, dentro del espectro de colores, en ser percibido por el ojo humano (no en vano las señales de tránsito son de este color). La segunda prueba consistió en exponer a nuestra marca y dos copias en menos de 10 segundos al consumidor, luego preguntar cuál era la que ellos compraban. Los resultados probaron que las marcas que copian a las originales y líderes de la categoría en sus colores o gráficos obtienen cierto beneficio por un tiempo. De cuatro demandas, ganamos tres.

No es una coincidencia ver siempre a los camiones repartidores de Coca-Cola con ese rojo intenso y único, siempre bien limpios y de modelo reciente. Esta empresa es una de las que mejor maneja su imagen de marca. Usted puede constatarlo en su museo en Atlanta y en cada detalle, desde los uniformes de su personal hasta los espectaculares en la calle. Es un deleite ver cómo montan exposiciones y cómo usan los materiales de promoción en punto de venta (POP).

Los manuales de identidad gráfica suelen ser un lujo en empresas pequeñas, pero valen la pena, son el principio de una disciplina por manejar la estética de su marca. Usted puede contratar un diseñador *free lance* o una afamada agencia de diseño y exigirles un trabajo talentoso que incluya el análisis de sus competidores y la conexión de los gráficos con la personalidad de su marca; también pídales que le impriman ejemplos de diferentes aplicaciones de su marca, cómo sí y cómo no debe imprimirse. No olvide generar una cultura de buen manejo de su marca dentro de la organización y cuando le manden hojas con su logotipo estirado en la computadora y demás atentados contra su imagen gráfica, recuérdeles a sus colegas que están descargando la batería de su marca.

Todo comunica y buscamos reflejar una experiencia total de marca. Imaginemos que usted quiere abrir un negocio de aguas frescas con un posicionamiento de naturismo y modernidad, entonces la estética de sus gráficos debe aterrizarse en torno a dicho posicionamiento; los colores reflejarán un entorno natural y moderno; letras suaves y contornos amables; de la misma manera la arquitectura de sus locales, podrá usar madera y cerámicas que le darán mayor proximidad con su posicionamiento; podría ambientar con música relacionada; e incluso tener un aroma propio a cítricos (hay empresas en México que ya se dedican a desarrollar aromas que son esparcidos en tiendas, buscando una identificación propia). Este ejemplo lo uso para ilustrar cómo trasmitir el plan de la marca a la comunicación, cómo trabajar en las acciones previas para que después vengan contactos secundarios y dominantes que contribuyan a construir la marca.

EL BUEN GUSTO Y EL TINO, SIN TÉRMINOS MEDIOS

Una de las cualidades más apreciadas en la comunicación de una marca y en el branding es tener buen gusto. Esta es una característica de inspiración y talento, y no me refiero a un esnobismo; no existe escuela para tener buen gusto. Me ha tocado trabajar a lo largo de más de 20 años con numerosos creativos, agencias, *free lances* y ejecutivos con ganas de ser creativos. Es común rechazar logotipos, publicidad impresa o electrónica, empaques y materiales de promoción que no tienen buen gusto. Si es el diseño de su jefe, sugiera que lo decida un panel creativo o, si le tiene confianza, mejor dígale que lo suyo son los chistes. Un marcólogo no tiene que ser un gran artista creativo, pero es muy deseable que sepa discernir entre una propuesta creativa con buen gusto y otra que no. También puede tener la inteligencia de reconocer que no se le da el buen gusto. Uno puede confiar en cualquier agencia de diseño o publicidad y hasta en un *free lance* para ello, siempre supervisando su trabajo. Un marcólogo puede dejar que más gente toque en su orquesta para construir su marca, pero a él le corresponde decidir quiénes, cómo y cuándo.

Tino es otra cualidad que se requiere para comunicar una marca. Supongamos que usted sí tiene muy buen gusto y va a lanzar una nueva marca de chocolates (no olvide, primero producto y luego marca), decide dirigirse a un mercado de NSE medio, busca un diseñador y éste le hace un empaque que ganaría un concurso, muy elegante, podría ser un producto gourmet, perfecto para venderse en una tienda de la Quinta Avenida en Nueva York, pero no en México a un mercado amplio. Las marcas deben ser accesibles a su mercado, como lo he dicho antes en el libro. Es muy común encontrar grandes propuestas creativas que satisfacen el ego del diseñador, pero que no conectan con el mercado al que van dirigidas. Cuando los elementos de la comunicación no van con la marca, se produce una disonancia, el consumidor no le va a entender. Que conste: lujo y buen gusto son dos conceptos separados. Hay excelentes diseños para mercados masivos con buen gusto y tino.

PUBLICIDAD PARA VENDER Y CONSTRUIR UNA MARCA

La publicidad es una manera de comunicar en la cual se gastan cerca de 54 mil millones de pesos cada año en nuestro país. Requerimos relevancia, resonancia y puntería para llegar al consumidor al que queremos hablarle. En este capítulo repasaremos algunos de los medios tradicionales y no tradicionales con los que contamos para comunicar nuestra marca, desde la óptica no de una agencia de publicidad, sino de alguien que tiene una marca y quiere darla a conocer lo mejor posible con el menor presupuesto. Esta ecuación aplica para chicos y grandes.

Publicidad es el arte de comunicar de manera atractiva y relevante, la razón o razones por las cuales el consumidor debe comprar nuestro producto o servicio.

La publicidad sirve para ambos propósitos: vender y construir marcas. Uno de los padres de la publicidad, David Ogilvy (1911-1999), primero vendedor y luego publicista, era un apasionado de crear ideas brillantes, "tu campaña pasará como un barco en la noche, a menos que esté basada en una idea grandiosa", decía; además apoyaba la teoría de que la publicidad debía servir para vender, no para divertir. Este tema hoy día ha vuelto a surgir. Ya se ha hablado suficiente de que los anuncios no son para ganar premios creativos, sino para vender y posicionar marcas. La gente con frecuencia ve los anuncios para divertirse, y retiene poco de la marca y su promesa. Ogilvy, ya desde 1947, reconocía que "cada anuncio debe pensarse como una contribución para la imagen de la marca".

Ted Bates, otro publicista, en los años cincuenta desarrolló un modelo sencillo y poderoso de publicitar basado en el término del inglés *hard sell*, que se sustenta en decir: usted compra mi marca y obtiene tal beneficio directo. ¿Recuerda el quita-sed Squirt? Este es un ejemplo preciso de un *hard sell* que construye marca, porque se diferencia de otras bebidas con un posicionamiento claro.

La publicidad forma parte del sistema de la marca. Si le tocó presenciar la campaña de Ariel en los años ochenta basado en el *chaca-chaca* sabrá a qué me refiero. El personaje que la anunciaba y el refrán resultaban más famosos que la propia marca. Ésta y la publicidad estaban unidas en una asociación de ideas. Ariel se introdujo en México, en 1968, con el objetivo de ofrecer un producto superior por sus enzimas y poder biológico. Al recorrer toda su historia vemos una evolución continua en producto y publicidad, desde el remojo con chaca-chaca, el Ultramatic, el quita grasa, el Oxiazul hasta la reciente versión con una mezcla de suavizante Downy; no obstante, el posicionamiento se ha sostenido: un producto superior de limpieza.

La publicidad es armónica con la marca cuando es fiel al posicionamiento de ésta, y es sinfónica cuando agrega nuevas razones para creer en ella sin abandonar dicho posicionamiento.

Por eso es tan importante cazar un buen posicionamiento, éste será el eje de una buena publicidad y a la agencia (si decide trabajar con una) le tocará la estrategia creativa.

¿SE HA ACABADO LA ÉPOCA DE LOS MEDIOS MASIVOS EN MÉXICO?

Una y otra vez me ha tocado oír a los publicistas y mercadólogos extranjeros mencionar que la era de los medios masivos se ha acabado, que hay que buscar otras opciones más efectivas. Esta premisa tiene que ver con la saturación de mensajes y el poco tiempo del consumidor para percatarse de ellos. En México: televisión, radio, espectaculares, periódicos y revistas siguen siendo útiles para construir una marca, si ésta obtiene un retorno en la inversión, suficiente, y se diseña una buena mezcla de *copy* y pauta de medios, que hagan que Sonia se percate de la marca. Todos desearíamos tener presupuesto para anunciar nuestras marcas en los mejores horarios de la televisión, para ser más exacto en horarios de telenovelas que tienen más de 20 puntos de raiting, pero ¿cuántos pueden pagar por tarifas de más de 100 000 pesos por 20 segundos? El club de las marcas ricas es inalcanzable para la mayoría de las empresas mexicanas. La Internet ofrece una opción más económica y por su penetración en México debe considerarse ya como medio masivo.

Las televisoras no miden la efectividad de las campañas, pocas agencias lo hacen y menos empresas comparten los resultados; sin embargo, muchas marcas se siguen anunciando a través de medios masivos en México, algunas para darse a conocer, otras para defenderse y otras tantas para sostenerse.

Según datos de la Asociación de Agencias de Medios, en 2008 la inversión total en medios en México fue de 53 986 millones de pesos, de los cuales la televisión se llevó 58%, radio, 9%, publicidad exterior, 9%, prensa, 8%, televisión cerrada, 6%, revistas, 4%, Internet, 3% y cine, 2%.

Ahora las agencias mayoristas de medios son especialistas en determinar si el monto que puede invertir es suficiente para ser escuchado; son también expertas en negociar ante Televisa y TV Azteca por usted. Si no tiene suficiente presupuesto o comenzará en pequeño mejor olvídese de los medios masivos y busque otras opciones o BTL (*below the line*). Las cinco principales actividades BTL que utilizan las agencias especializadas en México, según la revista *Informa BTL,* son: promociones, promoción en el punto de venta, mercadotecnia directa, exposiciones y programas de lealtad.

CÓMO ESCOGER Y TRABAJAR CON UNA AGENCIA DE PUBLICIDAD

Si decide contratar una agencia de publicidad en México para que le ayude a desarrollar una campaña, le sugiero los siguientes puntos:

- Identifique una campaña que esté en el aire, que le llame la atención por su buena ejecución y resultados, busque la agencia que la hizo.
- Visite varias agencias y pídales una demostración de sus anuncios, pregunte cuál ha tenido éxito y por qué. Se aprende mucho en estas sesiones; aunque no termine contratando dicha agencia.
- No se deslumbre con las presentaciones y las amenidades o excentricidades de las agencias, sino con el contenido creativo. Eso es por lo que usted pagará. Por obvio que parezca, muchas veces el cliente se puede hipnotizar.
- Las agencias venden ideas, valórelas y esté dispuesto a pagar por ellas. Al final un gran concepto puede ayudar para vender y construir su marca.
- Realmente lo que usted está comprando es un *copy*, es decir, una historia que contar en un gráfico o una trasmisión de radio, televisión, Internet, etc. Luego la seguridad de que se producirá con la suficiente calidad.
- Exija. No importa qué tan renombrada sea la agencia, qué tan grande o pequeña, no siempre dan el máximo en el trabajo. Gran parte del éxito de una campaña depende de la presión (sana) que usted ponga sobre la agencia, para que ésta le entregue una buena ejecución.

- Elija una agencia por su talento, no por su tamaño.
- Si su empresa es pequeña evalúe dos veces el trabajar con una agencia grande, ya que éstas encargan a sus mejores creativos las cuentas más importantes.
- Espere el resultado final de una propuesta para hacer conjeturas o comprarla. Me ha tocado presenciar muy buenos procesos de planeación, pero al final el trabajo creativo es muy pobre, no tiene suficiente fuerza. Otras tantas veces queremos hacer grandes presentaciones o pasar por complicados métodos de *planning*, siendo que el *copy* ya estaba en la mente del creativo.
- Siempre consulte con la almohada cualquier idea que le presenten, así, ésta se asentará con el tiempo y cobrará mayor o menor relevancia. Además usted tendrá oportunidad de acordarse si no se parece a algo que ya estuvo al aire, por lo cual le estaría haciendo publicidad a otra marca; esto es más usual de lo que uno imagina.
- Puede pagar por iguala mensual, porcentaje de la campaña o por un proyecto. En mi experiencia es mejor pagar por un proyecto específico: la agencia entrega el material y se paga por él.
- Recuerde que ahora las agencias de publicidad no son "todólogas", la mayoría trabaja la contratación de medios o las relaciones públicas con alguna filial.
- Revise si no hay conflicto de intereses de su marca con alguna otra que sea anunciada por la misma agencia.
- Acuérdese que su campaña es para vender y para construir la marca. A muchos creativos les encanta minimizar su logotipo o su producto en función de la estética del anuncio. Hay principios básicos y el que la marca se vea, se lea y se entienda, es uno de ellos.
- Si tiene el presupuesto suficiente, no olvide hacer un análisis previo del mensaje y otro posterior de la eficacia de su publicidad con los consumidores meta.
- Recuerde una vez más que usted decide la estrategia, la agencia y la creatividad. Usted es el experto de su producto y su marca, la agencia debe compenetrarse en su plan de merca-

dotecnia y puede ayudarle con ideas de cómo mejorarlo, pero la decisión final será de usted, confíe en su instinto.

ANUNCIOS DE TV EFECTIVOS

Aunque este libro no pretende ser uno de publicidad ni sustituir el trabajo de una buena agencia, le comparto algunas ideas para que analice las propuestas de anuncios en TV que además de vender le permitan cargar su marca:

- No olvide lo básico: que su marca aparezca claramente al principio, durante y al final del anuncio; no espere hasta lo último para anunciarla, se olvida.
- El consumidor (como Sonia) está cansado y saturado de mensajes y comerciales, si no tiene una propuesta (*copy*) brillante mejor ni se anuncie.
- Se pueden usar varios formatos de anuncios como el *hard sell* –del que ya hablamos–, pero también el humor o un tipo historia. Recuerde que los anuncios no son para entretener, sino para vender o crear una marca.
- Los primeros cinco a 10 segundos son cruciales para llamar la atención de la audiencia, si su anuncio comienza sin interés... es dinero perdido.
- Un buen anuncio se enfoca en una idea principal, en el beneficio clave del producto. Cuando mucho, ambicione comunicar el porqué de creer en su beneficio, no más.
- Recuerde que no gana el juego quien lanza primero un producto o servicio, sino quien conquista primero la mente del consumidor, asegúrese que su idea es única y diferente, que tiene un posicionamiento relevante que anunciar.
- Que su anuncio sea memorable y pegajoso.
- Está en sus manos y en su agencia el decidir si atacar a la competencia es el camino que hay que seguir. En México las regulaciones no están muy claras al respecto. Una buena idea es acudir a la Profeco antes de lanzar su campaña para validarla, ellos no son árbitros, pero pueden dar una opinión en función del consumidor.

PUBLICIDAD EXTERIOR CLARA Y LLAMATIVA

Más de 90% de la población en México está expuesta a este medio. ¿Cómo hacer para que realmente entienda el mensaje? He aquí algunas recomendaciones si desea invertir en publicidad exterior:

- Use una idea muy llamativa, pero simple, que pueda comunicar con rapidez y sea memorable. Dos de las mejores campañas que se han creado en México en espectaculares son la de Bachoco y la de librerías Gandhi. El consumidor voltea para ver qué más se les ha ocurrido… Ahí va carga a favor de la marca.
- Busque textos muy cortos, grandes y claros, y gráficos que llamen la atención. Prefiera los colores primarios, son más visibles. Fíjese cómo la publicidad de librerías Gandhi es tan llamativa, usa amarillo y negro; los colores de las señales de tránsito.
- Aproveche para reforzar su imagen, use colores y gráficos que reflejen el posicionamiento de su marca.
- Siempre solicite ver su espectacular desde lejos para verificar que su marca esté perfectamente legible.
- Busque en dónde está su mercado meta, coloque ahí sus espectaculares.
- Use mensajes positivos o de humor, la gente suele andar estresada en la calle. No se trata de entretener; sino de vender y cargar su marca.
- No aburra con un mismo tema todo el tiempo, los espectaculares funcionan más para dar noticias sobre su marca.
- Busque diferenciarse de otros anuncios. Cuando escribía este libro presencié cuatro anuncios de vallas con la misma combinación de colores: el fondo azul cielo y gráficos en tonos rojos, amarillos o anaranjados. Era muy difícil definir qué marca se anunciaba.
- Si los espectaculares son un apoyo a otro medio, busque una unidad visual, que los gráficos de televisión o revistas coinci-

dan con los de los espectaculares; no hacerlo es como tratar de tener dos campañas diferentes al aire.
- ¿No está cansado de ver carteles con fotografías de familias felices güeritas (nada en contra de las rubias) que anuncian fraccionamientos o escuelas? Detrás hay un tomador de decisiones que seguro ha afirmado: "hay que hacerlo aspiracional". ¿Qué no hay buenos modelos latinos bien parecidos? ¿No sabrán que todos los carteles se parecen y se pierde la fuerza del mensaje? En ocasiones les preocupa a ciertos mercadólogos arriesgarse, se desperdicia el dinero del cliente anunciante y no se carga la batería.

RADIO, LA COMPAÑERA SOLITARIA

Albañiles que trabajan, amas de casa haciendo el quehacer, conductores al volante, tienen algo en común: se informan, se entretienen y, sobre todo, se acompañan con la radio. Este medio que deleitaba a nuestros abuelos (o bisabuelos) con las trasmisiones en vivo, sigue acaparando 9% de la inversión publicitaria en México. ¿En qué momento usarlo? ¿Cómo ayudar a cargar energía a nuestra marca solamente con sonido? Veamos algunos consejos:

- Sea tan claro y directo como pueda. Es frecuente oír campañas en las que no se entiende bien lo que quisieron anunciar.
- Acuérdese que el radio es auditivo, nadie verá su marca. Menciónela de preferencia en los primeros 10 segundos de su anuncio.
- La música siempre evoca emociones y si es pegajosa mejor. Cuántas veces nos quedamos con la tonada de un anuncio o escuchamos a los niños tararearla. Ahí también se carga energía a favor de su marca.
- La radio es un medio ideal para anunciar aperturas, ofertas, promociones y todo lo que cause una noticia.
- Muchas agencias, cuando diseñan una campaña usando varios medios, dejan la radio para lo último. No le ponen mucho cuidado a la creatividad. Sin temor a equivocarme, la

mayoría de los anuncios radiales hoy día carecen de creatividad, tienen poco drama para ser escuchados.
- Si va a anunciarse mediante una producción elaborada en la propia estación de radio para ahorrar recursos, exija que no usen a los locutores de oficio; todos suenan igual y se pierde la diferenciación.
- Según el INRA, los horarios con más audiencia se dan entre las 7:00 y 10:00 horas de lunes a jueves. Exija una buena pauta a su agencia de medios. Es muy probable que su anuncio lo escuche mucha más gente fuera de su mercado meta.

INTERNET

El tema de páginas sociales e Internet para construir marcas es aún nuevo y muy dinámico. Usted puede incluir en su mezcla de medios cierta inversión en Internet para edificar su marca, y para ello utilizar las nuevas agencias especializadas. También es posible comprar bases de datos sobre todo para promover sus productos o servicios de negocio a negocio (*B2B, business to business*). Hay empresas que han podido detonar campañas virales al usar un mensaje relevante o muy creativo, por ejemplo en YouTube. Hay marcas con catálogos de productos y venta por Internet que han hecho fortunas, con la gran ventaja de tener gastos de distribución mínimos, mayor surtido y menos inventarios.

Es muy ambicioso tratar de proponer estrategias o fórmulas de comunicación en Internet en Hagamos marca en México. Hay cientos de libros en inglés y decenas en español con ese tema, los seminarios de estudiosos de estrategias de comunicación vía Internet o mercadotecnia digital están a reventar, mi objetivo es mostrarle solamente una pincelada de cómo se puede cargar la batería de una marca por Internet, y cómo rápidamente se ha convertido en un medio muy importante.

La autoridad mundial en medición de Internet, la firma ComScore, publicó en 2010 un reporte sobre Latinoamérica, donde establece que es la zona con el crecimiento más rápido de usuarios de Internet en el mundo, 21% de mayo de 2009 a mayo de 2010.

Los mexicanos pasamos en promedio 28 horas en la red, tiempo similar al de los brasileños, pero superior a otras naciones latinoamericanas.

Según la Asociación Mexicana de Internet (AMIPCI) el número de internautas en México alcanzó 30.6 millones en 2009. Esta cifra equivale a 32.5% de la tasa de penetración nacional de Internet en personas mayores de seis años de edad; siete de cada 10 jóvenes son usuarios de Internet. Se estima que para 2014 habrá 56.4 millones de internautas con 48% de penetración nacional.

ComScore lista a las compañías y sitios más visitados en México. Transcribo aquí los 10 principales (cifras en miles de visitantes únicos):

Sitios de Google (incluye YouTube)	16 718
Sitios de Microsoft	13 512
Facebook	10 651
Sitios de Yahoo	9 658
Sitios de Wikimedia Foundation	7 599
WordPress	5 543
Batanga	5 383
MercadoLibre	5 056
Taringa.Net	4 949
Vevo	4 035

De lo más destacado es el crecimiento vertiginoso de Facebook con 145% y twitter con 935% (desde una base pequeña) y la caída de Hi5 con −41% y MetroFLOG con −23% de abril de 2009 a abril de 2010. Por otro lado la inversión publicitaria en Internet creció en México de 301 millones de pesos en 2005 a 2345 millones de pesos en 2009. Y lo bueno aún está por venir, según el diario británico *The Guardian*, en Inglaterra los anunciantes ya invirtieron más libras esterlinas en Internet que en televisión (datos del primer semestre de 2009). ¿Llegará un escenario similar en México?, es posible, nadie lo puede negar ni tampoco afirmar.

Los mexicanos usamos Internet principalmente para búsquedas, entretenimiento, correo electrónico, mensajes instantáneos, redes sociales, directorios e información, compras de productos o servicios, blogs, comunidad, tecnología, noticias, fotografías, juegos, educación y deportes; en ese orden.

La Internet es la gran revolución que está cambiando todos los protocolos de comunicación en el planeta. Las redes sociales son tema obligado de conversación en Latinoamérica, están transformando la manera de relacionarnos, incluyendo la búsqueda de parejas. Algunas estimaciones señalan que más de mil millones de personas en el mundo subirán información *online* hacia el año 2012.

Es también un medio con alta viralidad y democracia como sucedió con la elección del presidente Barack Obama, quien mencionó en un discurso de campaña: "una de mis creencias fundamentales desde mis días como organizador social es que el cambio real viene de abajo hacia arriba, y no existe una herramienta más poderosa para organizar a las fuerzas sociales que la Internet". La campaña de Obama recibió cerca de 750 millones de dólares en el lapso de dos años, lo grandioso fue que provino de cerca de 4 millones de personas; 50% de los donativos fueron de 25 dólares o menos y 90% de menos de 100 dólares. El posicionamiento fue claro, breve y potente: "cambio y sí se puede". La batería de la marca-persona Obama se cargó fenomenalmente y el efecto viral, en conjunto con la difusión en los medios masivos, convirtió a un político mulato, inteligente, sencillo y carismático en el hombre más poderoso del planeta.

También se descarga la batería de una marca vía Internet. En julio de 2010, tras las inundaciones que sufrió Monterrey, "se abrió el fuego *twitter* contra Oxxo" citó Expansión. Se acusaba a la cadena de conveniencia de FEMSA por lucrar en la desgracia al vender garrafones de agua en $150.00. Era obvio que una empresa tan grande y seria difícilmente pondría en riesgo su prestigio por unos cuantos pesos, pero para Oxxo, como para muchas marcas, un ataque viral normalmente ocurre por sorpresa, y para ello hay que tener un plan, aunque no sepa usted por dónde va a atacar el bicho debe establecerse quién y en qué tiempo contestar. Como se realiza en los procedimientos de retiro de productos con defectos del mercado o *recall*. La velocidad de respuesta es un factor que conocen bien los expertos en el manejo de crisis. El reto es propagar el antídoto al mayor número de internautas posible sin comunicar hipocresía. Oxxo quizá no era culpable y es posible que la confusión procediera de que el precio del paquete de 12 botellas de 1.5 litros fuera de $150.00. Al final el sistema inmune de la marca Oxxo en pocas semanas actuó, dejando atrás esta crisis viral en twitter. La batería tenía suficiente energía.

Un caso afortunado para cargar la batería de una marca mediante YouTube fue el de "la caída de Edgard", con más de 20 millones de visitantes en todo el mundo, y el rescate de Emperador –las galletas de Gamesa–, con más de 5 millones de visitas. El éxito del video de la caída de Edgard posiblemente se da en que todos, de niños o grandes, tenemos un poco de Edgard y otro tanto de Fernando (el amigo que le movió los troncos para provocar la caída al río). Todos hemos sido víctimas y culpables. Existe un elemento común, natural, con ese tipo de relación que solamente se da en la Internet. De ida y de regreso, personajes creados democrática y viralmente. Así, la marca Emperador solamente tuvo que crear un buen *copy* y montarse en la fama creada por YouTube y sus internautas virales. Ahora la creatividad tiene una nueva arena para expresarse, mucho más espontánea y participativa, Web2.0.

A continuación damos algunos consejos para cargar la batería de marca en Internet:

- Si tiene los recursos, use una agencia especializada en mercadotecnia digital.
- Defina objetivos de comunicación para su marca.
- Determine qué medio digital o red social necesita en función de esos objetivos. No es lo mismo usar Facebook que twitter o Google que LinkedIn. Posiblemente sea recomendable usar varios medios digitales.
- En Internet usted no es quien controla su marca sino el cibernauta. Hay que tener apertura y humildad para ello. En más de algún momento nuestras marcas serán criticadas.
- Las redes sociales son para intercambiar opiniones, para relacionarse. Los mensajes publicitarios tradicionales van en un sentido, los de páginas web, blogs y redes sociales son interactivos.

- Si va a crear una página social para su marca, asegúrese de que alguien la atienda constantemente y que sea competente para establecer el diálogo con el consumidor. Idóneamente esta persona debe estar apasionada con su marca, disfrutar la comunicación, tener buen sentido del humor y ser receptivo.
- Se puede perder mucho tiempo en redes sociales para su marca si no se tienen en cuenta los objetivos. Un solo comentario de retroalimentación (*insight*) valioso de parte del consumidor puede ser suficiente.
- Para lograr más "clicks" use fotografías brillantes y cercanas o imágenes originales y creíbles (no clip-arts o fotos genéricas y aspiracionales por favor), una vez más, use modelos latinos bien buscados, sea breve pero elocuente, cite estadísticas o datos relevantes para su consumidor o usuario de la marca.
- Recuerde que el encabezado es la parte más importante de su mensaje, debe enganchar al cibernauta.
- Incluya los enlaces o *links* hacia la fuente o página principal, en caso de páginas web.
- Invite a interactuar al cibernauta y contéstele, no lo deje mucho tiempo sin respuesta.
- Los flashes intermitentes no son muy agradables, ponen de malas.
- No olvide la identidad gráfica, estética de la marca, buen gusto y tino, lo que también aplica para el diseño en medios digitales.

REVISTAS, PERIÓDICOS E IMPRESOS

Los impresos representan cerca de 12% de la inversión en medios masivos en México. Estos medios son muy útiles para atacar un segmento específico. Si usted pretende anunciar una marca de vitaminas, una revista de salud y deporte puede ser el medio idóneo; si va a anunciar un vehículo de lujo entonces los periódicos financieros pueden ser una buena vía. He aquí algunos consejos para estos medios:

- Mensaje y marca, ambos, deben leerse clara y relevantemente en el impreso.
- No use muchas palabras además del mensaje principal, salvo que se trate de una marca que conlleve muchas especificaciones como equipos de cómputo, cámaras fotográficas, etcétera.
- Busque un gráfico creativo que llame la atención del consumidor, que éste encuentre un motivo para interesarse en él.
- No olvide comunicar los atributos del producto de una manera visual. Uno de mis anuncios favoritos es la fotografía de un pasajero en un avión que trae unos audífonos Sony para bloquear el sonido de unas señoras que aparecen en la fila contigua platicando con altavoces en lugar de bocas.
- Usted puede variar sus anuncios impresos de acuerdo con la campaña, pero trate de mantener un estándar de colores y gráficos básicos. Si es necesario cambiar el entorno gráfico, asegúrese de dejar su logotipo de buen tamaño, así el consumidor reconocerá poco a poco la identidad de su marca, es una manera de cargar energía a su batería.
- Si su presupuesto y el medio lo permiten use papeles, texturas y barnices distintos de los demás anuncios. Se trata de diferenciar y hacer notar su anuncio.
- Prefiera color sobre blanco y negro. Hay estudios que muestran que el lector los prefiere en 60 % más.
- Haga una simulación de cómo se vería su anuncio dentro de una revista antes de imprimirla, e investigue si el consumidor realmente le haría más caso a su anuncio que al de los demás.

INVIERTA EN SU EMPAQUE, ES SU MEDIO DE COMUNICACIÓN CON MAYOR VALOR

Un empaque puede ser parte de la marca misma, además de una herramienta de promoción, pues comunica más que otros medios a un bajo costo. Es deseable que refleje los atributos no visibles del producto. Si usted regala una pulsera de plata con muy buen diseño en una bolsita de gamuza blanca, tendrá un valor percibido X; pero si viene dentro de una cajita y bolsita de Tane, el valor aumenta. El empaque es un componente de la marca que comunica atributos de exclusividad y buen diseño. Uno de mis empaques favoritos es el de una empresa europea de pizzas, que usa en el interior de sus cajas el color rojo para dar un efecto de calor interno; le agrega valor al producto.

En las tiendas de autoservicio hay miles de empaques que compiten por llamar la atención del consumidor. A lo largo de un par de décadas me ha tocado presenciar la superación, poco a poco, de los productos nacionales. Es común ver ahora presentaciones y etiquetas que rivalizan con algunos diseños de productos importados. Todavía hay muchas marcas que no aprovechan la oportunidad de tener un empaque relevante. He aquí algunos consejos para diseñar un empaque para su producto:

- No escatime en contratar servicios profesionales para esta tarea. Recuerde, será su mejor arma de promoción y comunicación de marca.
- El empaque y su forma, el material, la imagen gráfica, los colores y las letras, deben tener una armonía con el posicionamiento buscado.
- Haga una lista de los atributos y beneficios que desea resaltar en el empaque, sea claro y sólo exprese el o los más relevantes.
- Que se diferencie claramente de la competencia. No trate de imitar, tarde o temprano el efecto es adverso.
- No sature de gráficos, evite la tentación de sobrecargar su diseño.
- Cuide hasta los más mínimos detalles. Una simple tipografía puede comunicar mucho acerca de su marca.
- Los colores comunican distintas emociones, sabores, sensaciones. Asegúrese de usar colores apropiados para su producto. Los diseñadores profesionales conocen bien qué códigos de color usar en cada producto.
- No tenga temor de resaltar el logotipo de su marca, muchas veces los diseñadores tienden a minimizarla por estética, pero se pierde la oportunidad de vender la marca.

- Haga muestras (*dummies*) de su empaque y colóquelas como se verían en los anaqueles, de la manera en que el empaque se exhibirá o usará.
- Haga una lista de verificación de todos los detalles que debe contener su empaque, no lo mande a imprimir hasta que éste haya sido revisado por varias personas. Es fácil cometer errores.
- Un empaque tarda meses en ser asimilado por el consumidor, cuando usted crea un activo de marca con su imagen trate de no cambiarlo demasiado. Puede revitalizarlo, pero no pierda la esencia que ha ganado su diseño.
- Utilice los empaques para hacer cambios de temporada, promociones o extensiones de línea. Deben ser dinámicos y dialogar con el consumidor.
- Antes de hacer su diseño, haga contacto con los fabricantes y vea qué requerimientos necesitan para su impresión. Exíjales siempre una excelente calidad. Pídales muestras de lo que han realizado. Fije sus estándares de calidad en cuanto a desviación de tonos, gráficos, medidas precisas y demás detalles técnicos.
- No olvide los aspectos funcionales de los empaques. En muchos grupos focales que me ha tocado participar, los consumidores valoran detalles de apertura y cierre, vertederos, instrucciones, agarraderas, etc. Recuerde que la mercadotecnia está en el producto, y el empaque es parte del producto y la marca.

PROMOCIONES QUE VENDEN Y CONSTRUYEN MARCA

Una actividad promocional se enfoca en empujar su producto o servicio para vender más. Usted siempre luchará con la inercia del mercado, la fuerza de los compradores y la de sus propios vendedores, que exigen mayores promociones. La manera más fácil de vender es bajar precios, dar descuentos, rifar automóviles, regalando muestras, agregar juguetitos, y demás instrumentos para impulsar el producto. Nada hay en contra de estas actividades. La oportunidad principal está en aprovecharlas para cargar la marca. Al lanzar alguna promoción siempre será bueno preguntarse: ¿conviene a la marca y a su posicionamiento? ¿Está alineada con mi plan de mercadotecnia y con la esencia de la marca?

La cadena de tiendas Liverpool lanzó una campaña promocional atada a productos de origen italiano. Así rifó un automóvil Ferrari en 2006, esta promoción atrapó a muchos consumidores sin afectar la marca Liverpool. Por el contrario agrega valor y está alineada con la personalidad de una tienda para un NSE alto. Luego la renovó a finales del año con la rifa de un Corvette.

En el lado opuesto encontramos algunos restaurantes que se anuncian "dos por uno en bebidas nacionales", "ahora servimos desayunos", o "menú ejecutivo". ¿No le da la impresión de que ese lugar no es tan bueno? Los buenos restaurantes y hasta los buenos puestos callejeros no necesitan estas promociones.

No destruya su marca con promociones en las que ésta se perciba como devaluada. No caiga en la tentación de ofertar más allá del valor percibido de su marca.

En ocasiones el efecto contrario, es decir no participar en una promoción, es favorable. ¿Le ha tocado escuchar: toda la lencería con 20% de descuento, excepto Playtex? ¡Qué buena manera de decir que esa marca es mejor que las demás!

En una tienda como Walmart※ la estrategia de promover precios bajos está ligada con la esencia y el objetivo de su marca; no hay daño si anuncian precios bajos, porque de eso se trata su marca. La tienda de ropa Zara baja sus precios en los artículos que salen de temporada, su marca no se devalúa porque el mensaje principal de la promoción es que se trata de una tienda de moda.

Las promociones son necesarias y sirven para mover el producto de los anaqueles, o para incrementar la facturación de tal o cual servicio, pero usted debe manejar el balance entre volumen y marca.

Recuerde que aun en las promociones deben cuidarse los aspectos de estética de la marca. Un boletín de ofertas, un encarte, cualquier otro material impreso o de trasmisión debe guardar un estándar de calidad en su ejecución, tiene que ser un reflejo del posicionamiento y la promesa de la marca, es una oportunidad para seguir creando una experiencia de marca. Busque siempre los materiales más novedosos, los menos vistos, los más distintivos, sin que rompan con la estética de la marca.

Otra estrategia que puede funcionar es hacer de las promociones un evento que se repita cada año. La gente esperará cada año esa promoción como algo que puede volverse un componente mismo de la marca. Julio Regalado de Comercial Mexicana es un ejemplo de una campaña de repetición anual y que se ha vuelto un componente de la marca.

No olvide ejecutar las promociones lo más sencillas posible. No hay como aquellas que tienen una idea central fuerte y sin muchos trámites. El consumidor no tiene el tiempo para descifrar ideas complicadas. El hablar de sencillez no se debe entender como falta de creatividad.

MUESTREO, PRUEBAS Y DEGUSTACIONES

¿Recuerda que primero producto y luego marca, y que no hay nada mejor para construir una marca que la experiencia de prueba del consumidor? Si usted está seguro de su producto y existe la oportunidad de que lo pueda muestrear, esta es una muy buena herramienta. Una gran ventaja es que usted controla la región, el lugar y el monto.

Efectuar una prueba de manejo de un automóvil, obsequiar una muestra de un perfume, dar a probar una nueva marca de galletas, sentarse en un sillón en una mueblería y recibir una muestra médica gratis son contactos dominantes. El consumidor puede constatar si le agrada o no el producto. No lo ve en la televisión o lo escucha en la radio, lo palpa y registra en su mente como una experiencia agradable.

Actualmente sigo usando el champú Fructis porque me obsequiaron una muestra en un semáforo y me gustó, eso fue hace dos años. El retorno a la inversión, si compro una botella cada mes, es enorme para esa empresa. Además las demo-edecanes que me dieron la muestra tenían una buena imagen que cargó a favor de la marca.

En el lanzamiento de Isadora mi equipo de promociones decidió regalar muestras del producto al finalizar obras de teatro, principalmente en el Auditorio Nacional, cuando la mente del consumidor está más relajada, menos saturada. Esta es una manera innovadora de dar a conocer un producto, más allá del autoservicio, donde las degustaciones compiten con el tiempo y pelean por la mente del consumidor. Por supuesto sin olvidar todos los demás detalles para seguir creando una experiencia de marca. Los carritos, logotipos, uniformes, vasitos de muestreo, todo contribuye a cargar a favor de la marca.

Uno de los principales factores de éxito es contratar una buena agencia y tener una estricta supervisión de su trabajo. Se desperdician muchas muestras y tiempo de abordaje de las demostradoras por no tener un buen sistema de supervisión.

LA PODEROSÍSIMA PUBLICIDAD DE BOCA EN BOCA

No hay una publicidad más poderosa que la de boca en boca (PBB). ¿Cómo se enteró del último restaurante de moda o de una buena película? ¿Quién le recomendó a su médico o a su abogado? La gran diferencia de la PBB con la publicidad común es que la primera tiene mucha mayor veracidad, pues viene de una fuente legítima sin el interés del anunciante. Además, buenas noticias, no cuesta o cuesta menos. Quizá uno de los pocos inconvenientes es que usted no la puede controlar; sí generarla y darle un cierto cauce.

Hablar de productos y servicios, de personas y organizaciones es parte de nuestra conversación diaria. Según Dave Balter y John Butma, en su libro *Grapevine The New Art, Word-of-Mouth*

Marketing, los estadounidenses dedican 14 % de su tiempo a hablar de ellos. No hay datos en México, pero hice la prueba: saliendo a cenar con los amigos pronto comienza la plática sobre automóviles y futbol; me imagino que algunas mujeres hablarán sobre zapatos, perfumes, escuelas, cortes y productos para el cabello.

Un libro que todo marcólogo debería leer es *Tipping Point* de Malcom Gladwell, donde se aclara cómo existen personas que influyen en los puntos de vista de los consumidores; cómo hay individuos que poseen mayor grado de autoridad en las comunidades para hablar sobre un producto o servicio; y la manera en que se desatan campañas virales.

En una variación de esta teoría, Dave Balter ha comprobado que los mejores líderes de opinión son la gente común que se ha convencido de determinado producto después de probarlo. Creó una agencia profesional, BuzzAgent, que ahora tiene 100 000 agentes en Estados Unidos; éstos colaboran mediante un sistema de redención de puntos vía Internet y se dedican a propagar la publicidad de boca en boca; los contratan empresas que están buscando soluciones distintas de la publicidad convencional.

¿Cómo desata usted en México una campaña de PBB para beneficiar a su marca? Existen dos formas de hacerlo:

a) La tradicional, que nace de la realidad de un gran producto que se vuelve una noticia; por ejemplo, la tienda Distroller soltó un efecto viral de PBB entre cierto segmento. La mercadotecnia estaba en el mismo producto, la noticia era que había unas virgencitas y "colguijes" para niñas fresas, con creatividad propia para la idiosincrasia de la Ciudad de México. La marca ha sido consistente con un posicionamiento, aunque ha abierto su línea a una gran cantidad de artículos. La voz se propagó con velocidad. Unos casos más son los del pediatra Pedro Galindo, en Guadalajara, y la ya mencionada pastelería Marisa. En ninguno de los ejemplos anteriores se requirieron anuncios en el periódico; de hecho, en estos sucesos de PBB hubieran funcionado en contra de su propia fama. Anunciar lo que es bueno y conocido para todos puede despertar la sospecha de que algo malo sucede. De eso trata la PBB, la gente sabe cuál es el bueno y le encanta recomendarlo porque queda bien, y a la gente le agrada quedar bien. El pediatra Pedro Galindo es una marca-persona, con base en el tino de su diagnóstico y en su talento como galeno. El resultado es que "todo el mundo" recomienda a este médico en la Perla de Occidente. El recomendante sabe que cuando su marca recomendada sea probada por alguien más, le dará el crédito de conocedor.

La PBB también puede ser fulminante si es en contra. Nada más fuerte que la experiencia de prueba del consumidor. De la misma manera que a la gente le gusta recomendar lo bueno, le agrada desacreditar lo malo.

b) La segunda forma de intentar propagar una PBB es hacer una estructura suficiente de agentes para crear un efecto de que se corra la voz. Esta es una gran oportunidad para una agencia no tradicional que quiera trabajar con los mismos principios de BuzzAgent. Yo sería uno de sus primeros clientes, sin duda. Aunque muchas agencias en México prometen ofrecer servicios para desatar campañas virales, éstas más bien se basan en hacer eventos muy llamativos; como poner a edecanes en las esquinas con pancartas. Hasta la redacción de mi libro todavía nadie ha creado una estructura de agentes que pueda desatar una campaña de PBB. Dejaré fuera de este libro a las campañas de miedo, como las que se usan en la política, que juegan en el lado sucio de la publicidad aunque son otro ejemplo de PBB.

LA PUBLICIDAD GRATUITA (*PUBLICITY*)

Cuando uno habla de sí mismo, la gente le cree menos. Un anuncio es visto siempre con un grado de escepticismo.

Cuando un tercero habla de su marca tiene mayor credibilidad.

Esa es la teoría de la publicidad gratuita, que es una rama de las relaciones públicas. No hablamos de publirreportajes pagados; éstos son identificados de inmediato por el consumidor.

El *publicity* puede manejarse en México con agencias tan expertas como Burson Marstellers, con un *free lance*, o usted como marcólogo puede encargarse. El usar los medios tiene un inconveniente: no se controla lo que dirán, puede tener cierta influencia pero no será el dueño de su mensaje. En general, revistas, periódicos, programas informativos y demás vías para comunicar su noticia sin costo están dirigidos a dos grandes mercados: negocios y consumo. A lo que los estadounidenses llaman *consumer or trade*.

¿Cómo hacer que terceros hablen de usted? ¿Quién es un tercero creíble en última circunstancia? Le comparto mi propia experiencia. En Verde Valle contratamos a Burson Marstellers y a Ana Luisa Marín; una chef que tiene experiencia en medios. Nuestro objetivo era dar a conocer la noticia de los primeros frijoles en bolsa al vacío. En teoría las publicaciones necesitan noticias, quieren hablar de lo nuevo. Este es un principio de *publicity*: que lo que se tenga que decir sea realmente una noticia, de otra manera la prensa no lo encontrará atractivo. Lo que sucedió en nuestro caso es que las revistas más interesadas fueron las de negocios, cuando nuestro mercado meta por informar eran las consumidoras. Resulta que este segmento lee poco y la mejor manera de llegarles es más bien con los programas hablados, que de todas maneras tienen un costo.

El hacer publicidad gratuita para consumidores en México es un poco difícil por el bajo índice de lectura, pero no imposible. A los periódicos les gusta escribir notas de pequeños emprendedores que están iniciando algún negocio. Use esos espacios, ¡no cuestan nada! Utilice un resumen para hablar de su marca, pero hágalo espontáneamente, exprese siempre los beneficios de sus productos y sea consistente. En todas las revistas especializadas procure hablar de lanzamientos, mejoras de imagen a marcas y nuevos atributos a productos existentes.

Una campaña de publicidad gratuita debe tener un plan. Usted puede iniciar por encontrar todos los medios que se dirijan al mercado al cual quiere hablarle. Se trata de hacer una selección de revistas, noticieros, personas, clubes, organizaciones y demás entidades que podrían tener interés sobre su tema.

La publicidad suele hacer célebres a las personas detrás de una marca. En México existe, a diferencia de en otros países, el tema de la seguridad; usted puede aparecer como una persona con un perfil más importante del que le conviene tener. Es muy común que el aroma de la prensa y un poco de narcisismo lo enamoren para escribir sobre usted y su marca. Esa es una decisión totalmente personal, pero también se pueden lograr insertos y publicidad gratuita sobre productos y servicios sin necesidad de que aparezca la celebridad detrás de la marca.

# El paso final para implementar una cultura de branding

CÓMO ASEGURARNOS DE QUE PREVALEZCA LA ORIENTACIÓN HACIA LA MARCA

Hemos visto a lo largo del libro algunas ideas de cómo construir una marca, cómo cargar de energía nuestra batería. Ahora ¿qué hacer para que nuestra empresa establezca una cultura de branding que garantice el crecimiento y fortalecimiento continuos de la marca? Hago hincapié en que, aquí, cultura es lo que los marcólogos seguirán haciendo por nuestra batería cuando usted o yo, amigo lector, ya no estemos atrás de ella empujándola. Aprovecho para citar a mi admirado amigo Peter Biehl (q. e. p. d.), quien decía que una marca valía tanto cuanto hubiese atrás para defenderla. No se refería sólo a aspectos legales y económicos, sino también al talento y capacidad de operarla para no perder su lugar en la mente del consumidor.

LOS COMANDOS DE MARCA

Es fácil, cuando una marca va teniendo cierto éxito, comenzar a ordeñarla y vivir de ella. Un comando de marca es un equipo donde participan representantes de diferentes áreas de la empresa, quienes mantendrán la mística y el sentido de pertenencia de la marca. Su objetivo es ejecutar el branding en torno a la especialización de cada miembro. Deben conocer la importancia de cuidar la marca y agregarle razones nuevas para mejorar su ecuación de valor, también reconocer con claridad qué es cargar y descargar energía a la marca. Usted puede usar mi libro como base para hacer una presentación sobre la teoría del branding, luego participarles —como ya lo propuse— el plan de mercadotecnia y el resumen de marca. En el comando pueden participar compras, producción, calidad, ventas, mercadotecnia, etc. Si su empresa es pequeña, pues mejor, puede involucrar a todos los miembros, se trata de que sientan pertenencia a la marca y la defiendan a capa y espada. Al involucrar al equipo completo en la marca se sorprenderá de la reacción favorable que produce. En muchas empresas que promueven el branding, cuando son evaluadas en su clima laboral, uno de los valores más altos para seguir trabajando en la empresa es el orgullo por sus marcas. Los trabajadores en los diferentes niveles tienen interés en ella y cooperan en su construcción.

El comando de marca debe tener un líder capaz de tomar las decisiones finales. Idóneamente puede ser el director o el marcólogo. Ahí pueden tratarse asuntos desde la proveeduría hasta la manera de comercializar la marca, se pueden llevar ejemplos de cómo se carga y descarga la batería. No sustituye los círculos de calidad o sistemas de mejora continua, se complementan. En los comandos de marca el trabajo no es únicamente durante las juntas, los integrantes son impulsores de la marca en todo momento. Un integrante del comando de marca puede observar que se está produciendo un incidente con la calidad de la marca, entonces llama a junta o hasta detiene la producción; mercadotecnia puede invitar a todos a una sesión de estudio de mercado; compras puede traer nuevos materiales que favorezcan al producto, y así sucesivamente; se convierten en un ejército que trabaja para innovar, desarrollar, impulsar, y generar ideas que se puedan ejecutar de acuerdo con el mantra y posicionamiento de la marca.

Una ventaja de los comandos de marca es que, si usted tiene varias líneas de productos o marcas, puede formar equipos que se enfoquen a cada una, de este modo no se pierde el motor que las impulsa. El resultado más importante es que además se va estableciendo poco a poco una cultura de branding en la organización. De hecho puede lograrse una sana competencia interna que motiva a cada equipo a hacer mejor las cosas.

USE LOS INCIDENTES DE MARCA A SU FAVOR

Un incidente de marca es cualquier descarga de la batería de la marca que pueda convertirse en una oportunidad de mejora. Si observa que en su banco hay una fila muy larga y la gente está molesta, usted sabe que en la mente del cliente se está acumulando una mala imagen. Típicamente éste sería un tema de servicio al cliente, pero de rebote también es una descarga de batería y por tanto un incidente de marca. Usted tiene la oportunidad de documentar cada incidente y proponer una acción correctiva; tal como en los sistemas de calidad. El día que tenga la convicción de parar un tren de producción, descartar un logotipo mal hecho o un anuncio mediocre, o contrarrestar con una campaña de relaciones públicas algo que se haya hablado mal de su marca, usted estará aprovechando los incidentes y transformándolos en oportunidades de cargar más energía a su batería.

Los incidentes hay que hacerlos evidentes a todo el equipo para que no vuelvan a suceder. Si tiene una fábrica de zapatos y encuentra una anomalía en una costura, es buen momento para recordarle a los involucrados que primero producto y luego marca. Hágales notar que si ese incidente se pasa por alto el consumidor no volverá a comprar su marca. Documentar estos sucesos y hacer partícipes a los involucrados es una buena ecuación para construir una cultura de branding. Puede usted llevar un control estadístico que le permita monitorizar los avances en el manejo de su marca, si cuenta, si lo desea.

MANTENGA LA SED POR LAS INNOVACIONES

Una marca está viva y necesita mantenerse al día. Los mercadólogos conocen que los productos y las marcas tienen ciclos de vida. Hemos visto que es importante mantenerlas vivas y vibrantes para que sigan adelante en el mercado. Un marcólogo debe tener una gran sed por la innovación de su marca, pero también el temple para saber cuándo no es necesario cambiar las cosas. Hay marcas que viven con mayor intensidad la innovación porque esa es su naturaleza principal, me refiero a todas aquellas que tienen un alto componente de moda: ropa, calzado, tecnología, etcétera.

Hasta la marca más tradicional puede y debe seguir innovando para satisfacer las necesidades del consumidor. Los comandos de marca son ideales para gestar esta innovación. Los marcólogos deben estar al pendiente de revistas, exposiciones, búsquedas por Internet, investigación de la competencia y demás canales para allegarse información que les permita innovar. La innovación no tiene que romper con el posicionamiento original de la marca. A mayor innovación, mayor posibilidad de éxito, estadísticamente se ha comprobado que en el lanzamiento de productos, los que ofrecen una diferenciación mayor por su innovación y logran ser los primeros en inaugurar una categoría con atributos y beneficios nuevos, contribuyen más al fortalecimiento de una marca nueva o ya existente. Esta es una razón por la cual las empresas globales que están inmersas en luchas gladiadoras por sostener sus marcas, tienden a depurar sus portafolios y enfocarse en áreas donde pueden ser las mejores. Saben que la investigación y desarrollo puede ser un barril sin fondo que, repartido entre muchas marcas, logra pocos efectos.

Aterrizado en nuestro país, si usted ya es experto en una categoría de productos, le recomiendo que se enfoque en dominar las innovaciones en esa misma categoría. Por supuesto es válido cazar un nuevo posicionamiento en una nueva categoría; usted sabrá si ese nuevo negocio puede ser fondeado en el inicio por la marca ya existente, pero eventualmente deberá tener un flujo propio que le permita seguir construyéndola e innovando.

Una marca en declive se salva a veces con un reposicionamiento con base en innovaciones; por ejemplo, el caso de los celulares Motorola y sus nuevos modelos que los regresaron a la guerra contra marcas como Nokia. En otras ocasiones una nueva marca o submarca, como ya lo vimos antes, representa en sí misma una innovación, como el caso del tequila Antiguo de Herradura.

PREMIE LA MÍSTICA Y EL SENTIDO DE PERTENENCIA HACIA LA MARCA

Un recurso para que la cultura de branding se siga sembrando en la organización es reconocer a aquellas personas que contribuyen a cargar la batería de la marca, desde el intendente hasta el director. Todos pueden hacer algo por la marca. Don Enrique trabajó con nosotros muchos años, él frotaba con gran esmero las letras de latón de la marca que está en la parte frontal de nuestro edificio; Manuel es un aguerrido *coach* de nuestra fuerza de ventas, se bate a duelo a diario por nuestra marca; Gloria (mi coequipera) siempre trae una gran actitud para innovar y hacer notar la marca con el consumidor, por mencionar algunos de mis compañeros de trabajo. Estos ejemplos son cargas a la batería que deben ser reconocidos. Una simple llamada a la persona para felicitarla y hacerle notar su aportación hacia la marca, basta. También se pueden establecer sistemas de reconocimiento más formales, como el empleado que más contribuyó a la marca en el mes, que podría ganar la recepcionista que contestó un reclamo de algún consumidor.

Casi para terminar este libro, acudí a cambiarle las llantas a mi automóvil, tenía la opción de remplazarlas por sus originales Pirelli o darle una oportunidad a Michelin. Ambas baterías estaban muy bien cargadas en mi mente, quizá más Pirelli pues gozaba de un prestigio europeo de competencia y de gran calidad; sin embargo, a mis llantas les habían salido unos chipotes en dos ocasiones. Casos similares les sucedieron a un par de amigos, que tampoco dan banquetazos. Usted supondrá por cuáles opté, y lo hice porque, además de la experiencia y la ecuación de valor, el vendedor me dio una excelente explicación sobre los atributos y beneficios. Este empleado es digno de un reconocimiento por su buena capacitación a favor de la marca, podría ser un excelente entrenador para otras sucursales donde contagiase la mística de la marca. Conocía hasta los resultados más recientes de la escudería de autos de carrera patrocinada por esos neumáticos. No cabe duda que un trabajo así es un contacto dominante de alguien con un alto sentimiento de pertenencia hacia la marca. Dicho sea de paso, el modelo de llantas que escogí mejoró notablemente la suspensión y el manejo. Con seguridad mi siguiente remplazo será fiel a la experiencia de uso.

VIVA CADA DÍA DE SU MARCA

Finalizo este libro con la invitación de que convierta su trabajo de construcción de marca en una labor placentera. Si usted está consciente de que cada acción, pequeña o grande, que haga a favor, acumula energía y que entonces su trabajo no se volatiliza, generará un círculo virtuoso. Nuestra labor como marcólogos consiste en contagiar positivamente a todos dentro de la organización sobre las grandes bondades que se producen al construir una marca. Al principio, como en cualquier cambio, habrá un porcentaje de personas que se resistan a él, pero cuando poco a poco se vayan viendo los resultados, usted encontrará más sonrisas en cada uno de los miembros de su equipo. Los beneplácitos serán no sólo económicos y de valor agregado, sino de saber que las cosas se han hecho bien, con la satisfacción de contribuir a que un consumidor adquiera su marca, y todo esto: por el trabajo acumulado e intencional, referido a un símbolo. ¡Hagamos marca!

Bibliografía

Aaker A. David, *Building Strong Brands*, Nueva York, The Free Press, 380 pp.

Balter Dave, Butman John, *Grapevine, The New Art of Word-of-Mouth Marketing*, Nueva York, Penguin Books, 214 pp.

Bedbury Scott, *A new brand world*, Nueva York, Penguin Putnam, 220 pp.

Iacobucci Dawn, Tybout Alice M., Sternthal Brian, *Kellogg on Marketing*, Nueva York, John Wiley and Sons, 427 pp.

Kelly III Francis J., Silverstein Barry, *The Breakaway Brand: How Brands Stand Out*, Nueva York, McGraw-Hill, 289 pp.

McMahon Tim, *The Little Green Marketing Book*, Nueva York, Spring Rain Publishing, 89 pp.

Ries Al, Ries Laura, *The Fall of Advertising and the Rise of PR*, Nueva York, HarperCollins Publishers, 295 pp.

―――, *The Origins of Brands*, Nueva York, HarperCollins Publishers, 308 pp.

Ries Al, Trout Jack, *Positioning: The Battle for Your Mind*, 20th Anniversary Edition, Nueva York, McGraw-Hill, 2001, 246 pp.

Schmitt Bernd, Simonson Alex, *Marketing Aesthetics*, Nueva York, The Free Press, 345 pp.

Werner Claus, Weiss Hans, *El Libro Negro de Las Marcas*, México, D. F., Random House Mondadori, 2006, 317 pp.

Wipperfürth Alex, *Brand Hijack*, Nueva York, Penguin, 280 pp.

Zyman Sergio, *The End of Marketing as We Know It*, Nueva York, HarperCollins Publishers, 247 pp.

Índice onomástico

Aguilar, G., 47
Aker, D., 87
Álvarez, L., 49-50
Azcárraga, E., 47

Balter, D., 179-180
Barragán, L., 39
Bates, T., 162
Becker, J., 26, 60
Bedbury, S., 88-89
Biehl, P., 185
Botero, F., 41
Bustamante, S., 41
Butma, J., 179

Carpenter, G., 98
Carpenter, M., 98

Dávalos, V., 138
De la Parra, A., 40, 60
Dejoria, J. P., 97
Del Toro, G., 60
Dudamel, G., 40

Fernández, Alejandro, 96
Fernández, Alfredo, 43

Fernández, H., 43
Fuentes, C., 41

Galindo, P., 180-181
García Bernal, G., 60
García Márquez, G., 41
Gaytán, B., 86
Gladwell, M., 180
González Iñárritu, A., 47, 60
González, R., 47
Gross, S., 52
Guevara, A., 40, 47, 60
Guevara, E., 58

Hayek, S., 60

Jobs, S., 122

Kelly, F., 59

López Obrador, A., 40, 55

Marcos, subcomandante, 58
Marín, A., 182
Martínez, A., 46
Maslow, A., 70

McMahon, T., 13
Medina, D., 79
Miranda, C., 86
Molina, M., 47

Nielsen, A., 39, 87
Norten, E., 39, 47

Obama, B., 171
Ochoa, L., 47, 60
Ogilvy, D., 161-162
Olabuenaga, A., 42, 106, 122
Orozco, J. C., 41
Ortiz, M., 39

Quino, 42
Quintana, P., 47

Ries, A., 29, 42, 78, 92, 100, 108
Ries, L., 42, 78, 100
Rius, 41

Santoscoy, 77
Silverstein, B., 59
Siqueiros, D.A., 41
Slim, C., 40
Sordo, J., 39

Tamayo, R., 41
Topete, F., 114
Torre, F., 43
Trout, J., 92, 94
Tybout, A., 98

Vargas Llosa, M., 38, 41
Velásquez, J., 40
Vergara, J., 122, 156

Weiss, H., 54
Werner, K., 54

Zyman, S., 64, 119, 133

Índice analítico

Anuncios de TV, 166
Asociación
    Mexicana de Agencias de Investigación y Opinión Pública (AMAI), 67, 69
    Nacional de Tiendas de Autoservicio y Departamentales (ANTAD), 69

Below the line (BTL), 145, 163
Brand equity, 87
Branding, 16, 78, 147
    agencias de, 32
    cultura del, 185, 187, 189
    definición de, 29-30
    intuitivo, 30-31
    profesional, 30-31
    y mercadotecnia
        diferencias entre, 29
    plan de, 103

Categoría
    nueva, 113-114, 188
    producto y marca, 135
    saturada, 105
Comandos de marca, 185-186

Comunicación
    de la marca, 157
    resumen de, 154
Construir y sostener una marca, 149
    factores para, 121-122
    talento para, 129
Consumidor, 63, 65, 92, 94, 101
    contacto entre la marca y el, 141, 146
Cultura hedonista, 57

Diferenciación, punto de, 101
Director de una marca, 124-125, 128
    contratación del, 127
    funciones del, 124
    género del, 123
    responsabilidades del, 126

Esencia de marca, 88, 110
Eslogan, 102-103
Estrategia de la marca, 133
    de promoción y publicidad, 134
Éxito de una empresa, 135

Hedonismo, 70

Identidad gráfica, 81
  guía de, 158
  manuales de, 159
Incidente de marca, 187
Innovaciones, 188
Internet, 169-172

Lanzamiento de productos, 106-108
  éxito del, 114
Logotipo, 81, 158

Mantra de la marca, 88-89, 110
Marca(s)
  activa, 13, 16
  amplitud de la, 35
  anglonorteñas, 49
  arquitectura de las, 62
  batería de las, 22, 171
    consejos para cargar la, 172
  benefactoras, 55, 156
  características de las, 35
  cargada de valores, percepción de, 67
  compartidas, 36
  composición de una, 75
  comunicación de una, éxito en la, 143
  confianza en las, 17
  conocimiento espontáneo de las, en México, 25
  cool, 57
  corporativas, 35
  cosechadas, 44
  de ciudad, 47, 129
  de líneas, 36
  de países, 45-47, 60, 72, 122
  de personajes, 41
  de personas, 39, 41, 136, 171, 181
  de productos, 36
  decodificar la, 75
  definición de, 11, 15, 17, 75
  desafiantes, 58
  elitistas, 55
  en declive, 144, 189
  en fase de lanzamiento, 143
  energizantes, 60
  éxito de las, 91
  fidelidad a las, 19
  globales, 24, 53, 73, 188
  icono, 57
  intensidad de las, 22
  invisibles, 42
  involuntarias, 58
  lugar de una, 107
  mexicanas, 31, 46
    más importantes, 25
    con reputación en el extranjero, 46
  nacionalistas, 50
  nostalgia, 51
  nueva, crecer con una, 118
  origen de las, 12
  partes de una, 76
  pirata, 60-61
  posicionar la, 75
  proceso para hacer una. *Véase* Branding
  propias, 38
    en Latinoamérica, 39
  reconocida, 13
  reforzamiento de la, 102
  regionales, 48
  sembradas, 43-44
  sistema inmune de las, 40
  sustentadas en el diseño, 137
  tipos de, 11, 35-62
Marcólogo, 9

Índice analítico

Mercado
  conocimiento del, 130
  estudios de, 64-65
    estrategias para decidir un, 65-66
  meta, 99, 104
  prueba de, 66
Mercadólogo, 99
Mercadotecnia, 102
  plan de, 150-155
  y *branding*, 103
  diferencias entre, 29

Naming. *Véase* Nombre de la marca
Nombre de la marca, 20, 76
  elección del, 79
    recomendaciones para la, 80

Parámetros a la alza, 130-133
Paridad, punto de, 99
Percepción, 63-64, 74
  de los mexicanos, 71
  de marcas cargadas de valores, 67
  definición de, 71
Personalidad de la marca, 85-87
Pirámide de Maslow, 84
Plan
  de mercadotecnia y de marca, 150-154
    presentación del, 155
  para triunfar, 149
Posicionamiento de la marca, 91-92, 98, 103-104, 162
  cazador de, 113
  creativo, 97
  estrategia principal (EP) para el, 134

Productos
  básicos, 23
  empaque del, 174-176
  diseño del, 148
  exposición de los, 148
  in-and-outs, 111
  lanzamiento de, 108, 144
  muestreo y pruebas de, 178
Promociones, campañas de, 176-178
Publicidad, 14, 161-162
  agencias de, 78
  de boca en boca (PBB), 179-180
  escoger una, 164-165
  estrategias de promoción y, 134
  exterior, 167
  gratuita, 181
  y relaciones públicas, 84

Radio, 168
Reposicionamiento de la marca, 104-105, 189
Revistas, periódicos e impresos, 173

Valores
  ecuación de, 116-118
  específicos, 85
    relevantes, 100
  generales, 85
  intangibles o emocionales, 55, 57, 78, 83, 84, 101
  tangibles o racionales, 82, 84
  y beneficios, 82
Ventas, enfoque de, 148

La publicación de esta obra la realizó
Editorial Trillas, S. A. de C. V.

División Administrativa, Av. Río Churubusco 385,
Col. Gral. Pedro María Anaya, C. P. 03340, México, Ciudad de México
Tel. 56884233, FAX 56041364

División Logística, Calzada de la Viga 1132, C. P. 09439
México, Ciudad de México, Tel. 56330995, FAX 56330870

Esta obra se imprimió
el 22 de mayo de 2017, en los talleres de
Impresora Publimex, S. A. de C. V.

B 105 XSS